« Maman, je veux pas que tu travailles ! »

Des mêmes auteurs

Aide toi, ton corps t'aidera, avec Gérard Guasch, Albin Michel, 2006.

Il n'y a pas de parent parfait, Lattès, 2008 ; Marabout, 2009.

L'année du bonheur. 365 exercices de vie, jour après jour, Lattès, 2001 ; Marabout, 2008.

L'Intelligence du cœur, Lattès, 2001 ; Marabout, 2007.

Fais-toi confiance ou comment être à l'aise en toutes circonstances, Lattès, 2005 ; Marabout, 2007.

Je t'en veux, je t'aime, ou comment réparer la relation à ses parents, Lattès, 2004 ; Marabout, 2006.

Au cœur des émotions de l'enfant. Comprendre son langage, ses rires et ses pleurs, Lattès, 1999 ; Marabout, 2006.

Que se passe-t-il en moi ? Mieux vivre ses émotions au quotidien, Lattès, 2001 ; Marabout, 2006.

Utiliser le stress pour réussir sa vie, Dervy, 1998 ; Dervy Poche, 2006.

Trouver son propre chemin, la conscience de soi en 60 exercices, Pocket, 2004.

Le corps messager. Quand la maladie nous parle de nous, avec Hélène Roubeix, Desclée de Brouwer, La Méridienne, 2003.

Le corps messager. Une analyse du processus de la maladie dans une perspective transactionnaliste, avec Hélène Roubeix, La Méridienne, 1999.

Des outils pour mieux accompagner nos enfants sur :
www.filliozat.net

19, rue Saint Séverin – 75005 Paris
ISBN : 978-2-84454-588-6

e-mail : contact@dervy.fr
www.dervy-medicis.com

Isabelle Filliozat
et Anne-Marie Filliozat

« Maman, je veux pas que tu travailles ! »

Déraciner le sentiment de culpabilité

Éditions Dervy

à Anne-Marie, ma mère
Isabelle
à Isabelle, ma fille
Anne-Marie

Sommaire

Introduction

« Il y a des angoisses nécessaires
qui débouchent sur la créativité
et il y a des angoisses qui minent
les forces vives d'un être humain. »
Françoise DOLTO

Les angoisses de culpabilité sont de celles là.

De nos jours la grande majorité des femmes travaillent. Elles veulent être mamans et professionnelles. Mais la question est omniprésente : mon enfant ne va-t-il pas en souffrir ? Le doute s'infiltre : suis-je une bonne mère ?

Hormis l'aspect financier, il paraît impossible en Occident de concevoir que l'on puisse bénéficier du métier de celle qui vous a mis au monde. Il semble évident aux yeux de tous qu'un enfant a absolument besoin d'une présence constante et exclusive de sa maman. Est-ce un a priori ou une réalité ? Les femmes sont tiraillées. Vie professionnelle et vie familiale sont comme deux rivales, deux bouches quémandeuses facilement jalouses de ce qui est consenti à l'autre. Dans les familles, ce sont protestations ou reproches silencieux : « tu ne penses qu'à ton travail, tu es toujours occupée, tu n'as pas de temps pour nous »... Au bureau on leur fait sentir que la famille, c'est bien, mais « ça » ne doit pas prendre trop de place. Des deux côtés on leur demande de prodiguer disponibilité, compétences et attention... Elles ont à gérer deux pleins temps, voire trois : l'emploi rémunéré, les enfants et le mari.

C'est bien connu, les mères n'ont pas de droits, rien que des devoirs. Le fossé entre la réalité de leur quotidien et l'image qu'elles pouvaient se faire d'un maternage idéal fait le lit de leur culpabilité. Pourtant études et statistiques le démontrent, les enfants de mères qui travaillent se portent globalement mieux que les autres ; ils obtiennent de meilleurs résultats scolaires et sont plus ouverts et épanouis.

Par ailleurs, nombre de femmes qui s'arrêtent n'échappent pas au processus d'auto-accusation ; elles sont gênées d'être à la charge de leur compagnon, de n'avoir rien à raconter le soir parce qu'elles sont restées entre quatre murs et que la conversation avec le bébé n'est pas des plus intellectuelles. Vis-à-vis des autres, elles se sentent vite décalées, dévalorisées... La culpabilité n'est donc pas l'apanage des mères qui conservent leur emploi, elle habite toutes les mamans conscientes de leur rôle.

Le travail à l'extérieur reste pourtant la cible privilégiée de ce sentiment pénible, peut-être parce que notre culture ne l'a pas encore complètement associé au rôle maternel.

Le projet de ce livre est d'explorer la nature du sentiment de culpabilité et d'analyser les interactions mère-enfant, mais aussi mari-femme, mère-grand-mère, et de dissocier le rationnel de l'irrationnel dans ce domaine si problématique pour tant de femmes.

Quel est l'impact réel de l'activité professionnelle des mères sur elles-mêmes et leurs enfants ? Comment ceux-ci vivent-ils les absences répétées ? Quelles sont les répercussions sur leur santé physique et psychique ? Sur leur bien-être à court et long terme ?

Pédiatres et psychologues s'accordent pour estimer que, si la présence maternelle est fortement conseillée dans les premiers mois de la vie, l'enfant doit rapidement s'ouvrir à d'autres relations. Confier son bébé contribuerait à sa socialisation. La crèche (dans de bonnes conditions) est considérée comme une source d'enrichissement et de développement psycho-corporel car elle représente un lieu privilégié de rencontres avec d'autres adultes ainsi qu'avec des petits du même âge. Est-ce juste ?

En ce qui concerne la mère, conserver une ouverture sur le monde, un pôle d'attraction extérieur au foyer sont des éléments s'inscrivant en positif dans sa relation à l'enfant. Par le simple fait que la famille ne constitue pas « toute sa vie », elle se vit intérieurement plus solide. Or, le bonheur et l'équilibre de maman sont les meilleurs garants de l'épanouissement de l'enfant. Malgré les difficultés, voire les déchirements, le bénéfice du travail des mères est donc substantiel.

Mais comment le vivre harmonieusement et se libérer de la culpabilité ?

Les pages qui vont suivre sont le fruit de la rencontre de deux parcours, celui d'Anne-Marie qui a poursuivi une carrière en élevant ses quatre enfants, et celui d'Isabelle, sa fille aînée. Elles ont toutes deux souffert dans le passé, l'une de tiraillements chargés de culpabilité, l'autre de trop d'absences et de tensions. Plus tard, elles se sont confrontées. Elles ont parlé, pleuré, cherché, pour se trouver enfin et se reconnaître tant dans la relation mère-fille que femme-femme. Anne-Marie est psychanalyste, Isabelle est psychothérapeute et écrivain. De par leurs métiers, elles ont rencontré nombre de parents et d'enfants confrontés a une problématique semblable. Dans cet ouvrage à deux voix et quatre mains, elles prendront la parole de manière alternée ou conjointe. Leur dialogue, en clôture, témoignera de leur parcours-rencontre.

Isabelle se présente : « De mon enfance je conserve un sentiment de solitude et de tension intérieure. Était-ce dû au travail de ma mère ? Il est vrai qu'elle n'était pas assez présente auprès de moi. Elle travaillait quatorze heures par jour et j'avais deux frères et une sœur qui avaient toujours priorité, puisqu'ils étaient plus petits. Mais surtout elle était inquiète et tendue en permanence, toujours en train de courir, de s'affairer d'un air préoccupé. Elle voulait tellement nous voir toujours heureux que je n'osais pas me plaindre. J'essayais d'être une petite fille parfaite. J'observais. Le soir, j'aimais bien entendre mes parents échanger leurs impressions sur leurs professions respectives, je participais à la conversation, je me sentais importante. À l'école, j'étais fière d'écrire "psychanalyste" en face de "profession de la mère". Aujourd'hui, je suis heureuse de nos échanges intellectuels. Nous nous plaçons toutes deux sur un plan d'égalité. Il n'y a plus de rivalité entre nous. Je peux me réaliser professionnellement, elle m'en a donné la permission par sa propre réussite. Bien qu'un peu plus de disponibilité ne m'eut pas déplu... mes traumatismes, mes difficultés d'enfant ne sont pas en lien direct avec l'activité professionnelle de maman. Au contraire, celle-ci a été un facteur enrichissant de notre relation comme de mon développement. Par contre les tensions avec lesquelles elle vivait sa situation l'ont éloignée de moi. Je n'ai pas assez joué avec elle, pas assez partagé d'émotions tristes ou joyeuses. Parce qu'elle ne disait pas toutes sortes de choses pour ne pas me choquer ou me faire de peine, notre rapport, marqué de non-dits, n'était pas suffisamment libre et authentique. Là est le manque, là est la blessure. »

Anne-Marie se présente : « Je me rends compte maintenant que depuis mon enfance il n'y avait dans ma tête que deux catégories de mères, les bonnes et les mauvaises. Ces modèles tranchés ont joué ensuite un rôle déterminant dans ma vie de femme. Dès la naissance de mon premier enfant, Isabelle, j'ai bien sûr cherché à me rapprocher de l'idéal d'une mère totalement bonne, avec les exigences que cela suppose. Comme par ailleurs je voulais aussi être une excellente professionnelle, je me suis sentie continuellement tiraillée. Quand je quittais la maison, j'avais le cœur serré et des inquiétudes multiples à propos des enfants : la jeune fille qui les gardait allait-elle savoir s'y prendre pour faire telle ou telle chose ? Comment vivraient-ils cette énième absence ? Etc. Pendant les transports et dans les moments où ma pensée pouvait s'évader, mon esprit revenait à la maison ; je pensais à mes petits et de nouveau les préoccupations m'assaillaient ; je regardais ma montre, comptant les heures qui me séparaient du retour. Quand cela m'était possible, je téléphonais pour prendre des nouvelles, cela me tranquillisait un moment puis le petit vélo recommençait à pédaler dans ma tête. J'imaginais trop facilement les multiples dangers physiques et psychologiques qui menaçaient mes enfants et je me sentais coupable à l'avance de tout ce qui pourrait arriver de préjudiciable. J'avais même parfois l'idée que je risquais d'être gravement punie de les laisser ainsi, de n'être pas auprès d'eux pour exercer ma fonction protectrice.

Aujourd'hui je ne remets pas en question mon engagement professionnel. Il fait partie de mon sentiment d'occuper ma place dans le monde. Mais avec le recul des ans, je regrette de n'avoir pas su me libérer plus tôt du poids de la culpabilité et d'avoir laissé celle-ci altérer mon bonheur d'être maman ».

Nous avons écrit ce livre dans l'intention de fournir aux mères matière à se déculpabiliser, tout en leur apportant des outils pour exercer leur responsabilité parentale avec davantage de plaisir et de liberté.

Certains passages peuvent vous remuer, vous émouvoir, vous renvoyer à l'histoire de votre propre enfance comme à celle de vos enfants... Peut-être ouvrira-t-il un autre dialogue avec eux...

Bonne lecture !

1.

Histoires de tous les jours : interviews

Denise, 50 ans, mère de 5 enfants, commerçante saisonnière, mariée

De la culpabilité, j'en avais ! *Je m'en rendais malade.* Je me sentais coupable d'abandonner mes enfants à quelqu'un d'autre, de partir en les laissant pleurer parce qu'il fallait que je travaille. J'étais en désaccord avec moi-même, partagée, déchirée entre ce que j'aurais voulu être et ce que j'étais obligée de faire. J'étais persuadée que mes petits en souffraient et *je cherchais à me faire pardonner.*

Dans l'organisation de mon travail, il y avait des périodes de l'année où je pouvais m'occuper exclusivement d'eux et de la maison. Nous pouvions alors faire toutes sortes de choses ensemble, aller nous promener, passer des journées entières à faire des activités manuelles. Je jetais un œil sur leurs devoirs et je suivais leurs petites affaires. Ils étaient alimentés correctement. On avait du temps pour se parler, et les occasions d'échanges étaient nombreuses.

Au moment où la saison de travail reprenait, j'avais énormément de difficultés à passer de cette vie à l'autre. Il fallait que je délègue la garde des enfants. La vie de la maison en était déséquilibrée. Je rentrais le soir exténuée et excédée pour voir ce qui n'avait pas été fait ou mal fait. J'avais l'impression de ne faire que du rangement et des repas, tout l'aspect relationnel disparaissant. La période la plus difficile était ce moment intermédiaire entre la maison et le travail. Une fois que j'étais au bureau, comme j'aime mon métier, j'avais le souci de le faire bien et la vie familiale se mettait entre parenthèses. Pourtant mes enfants restaient ma véritable priorité.

Être une maman me paraissait être un rôle de tous les instants. *Quand je travaillais je me sentais coupable parce que je ne remplissais pas cette mission de mère que j'avais placée à un niveau élevé.* Je le vivais mal. Mon entourage me soulignait clairement mes insuffisances, ma mère la première. Elle me critiquait sur des points de détail, sur les apparences, des questions de « bonne éducation ». Même leur père trouvait que j'aurais pu faire mieux, tout en m'occupant complètement de ses affaires commerciales. En fin de journée, alors que j'avais travaillé comme lui et que je m'occupais des enfants, de la nourriture, il disait « Alors, c'est pas encore fait, ils ne sont pas encore couchés ? »

Je n'éprouvais même pas de révolte. J'étais tellement persuadée de mal me débrouiller ! *Je faisais donc tou-*

jours plus, pour ma famille, dans mon métier, et dans mon activité de conseillère municipale.

Avec mes petits je me faisais l'impression d'une vraie mère poule, très attentive. Pourtant eux aujourd'hui me renvoient une image de femme occupée plus par l'extérieur que par la famille. Je leur cachais mes préoccupations et j'arrivais à apporter du confort à la maison au prix d'incroyables acrobaties. Mais eux ne voyaient que mon agitation et ne comprenaient pas que leur confort était à ce prix.

Si c'était à refaire je referais sûrement la même chose, je retomberais dans les mêmes erreurs. *Ce qui me culpabiliserait encore plus ce serait de ne pas travailler.* Parce que quand je reste à la maison, il me manque la béquille principale. Il y a des moments où je me demande si j'investis le travail comme une distraction qui me permet d'éviter d'être en phase avec moi-même ou bien si je suis active en vue de faire quelque chose qui en vaut la peine.

Pendant ma vie de femme mariée, ces périodes d'activité extérieure me redonnaient le sens de ma valeur sociale, d'existence dans la société. *Dans mon couple, j'avais le sentiment d'une négation de ma valeur. Quand je travaillais, j'existais aux yeux des autres. J'étais Denise, et non plus seulement la femme de mon mari, la mère de mes enfants.* Pendant la période professionnelle, les autres me renvoyaient une image positive, j'étais une « femme formidable ». Ça m'a permis de tenir le coup un certain temps. Mais je somatisais, avec un cortège de troubles, des rhumes allergiques qui se transformaient en sinusite. En fait tout ça m'étouffait, je ne pouvais littéralement plus respirer. Par rapport à la famille je me sentais triste, coupable. J'avais un peu peur des conséquences que ça pouvait entraîner, crainte d'être punie. Je ne savais pas leur montrer mon amour, ni le leur dire, donc je compensais par l'activité. Ils m'ont vu beaucoup faire, sans savoir que c'était pour eux. Le dire aurait été déplacé. Je n'ai jamais été en colère contre mes enfants, peut-être seulement deux, trois fois dans mon existence. Ils me mettaient probablement en rage, mais je pensais que ça ne me concernait pas. *Et puis je croyais qu'une mère aimante ne peut pas en vouloir à ses enfants. En fait, j'ai passé des années en colère, contre eux, contre mon mari, contre la situation. Mais je ne voulais pas le voir. C'est pour ça que j'ai fait une dépression.*

Ce qui me frappe dans mon cas, et que je retrouve chez les autres mères qui travaillent, c'est qu'*on ne vit pas dans le présent*. Quand elle est au bureau, la mère pense à ce qu'elle va faire à manger ; quand elle prépare le repas elle pense à la lessive, etc. *Ça m'a beaucoup abîmée sur le plan intellectuel et mental d'avoir beaucoup de préoccupations et d'être toujours dans l'anticipation*. Une « bonne » mère, contente de l'être, se sent coupable de ne pas investir complètement son activité professionnelle. Et si elle ne travaille pas, elle se culpabilise parce qu'elle n'a pas une image sociale. Sur les fiches de l'école par exemple, en face de profession de la mère je devais marquer « sans », alors que j'avais cinq enfants et que je tenais le commerce de mon mari.

Maintenant je comprends que j'avais besoin de me conformer à l'attente des autres, d'être une bonne fille, une bonne épouse, et une bonne mère, de faire mon devoir pour être reconnue. La valeur de toutes ces années a été le devoir.

Commentaire : Denise exprime ici de façon particulièrement claire les tentatives usantes de compensation auprès de sa famille dans ses périodes de travail à l'extérieur.

Par ailleurs, si elle met l'accent sur les difficultés de vie de la mère au travail : tiraillement incessant, reproches venant de soi-même et des autres, troubles somatiques, elle mentionne aussi les bénéfices de cette activité professionnelle : statut social, valorisation personnelle, évitement de la dépression.

Elle est consciente du fait que le refoulement de son mécontentement, de ses révoltes, que ce soit vis-à-vis du mari ou des enfants, et la nécessité de se conformer aux demandes des autres et au modèle familial du devoir l'ont fait entrer dans la dépression.

Denise se sent coupable de travailler, mais son sentiment de culpabilité est renforcé et peut-être induit par sa soumission à son mari, ainsi que par la dévalorisation dont elle fait l'objet.

Rosalie, 33 ans, mère d'une petite fille de 6 ans, journaliste, célibataire

« J'ai subi une césarienne sous anesthésie péridurale. Ma fille était toute blanche quand la sage-femme me l'a montrée. J'ai dit : "qu'est-ce qu'elle est moche". » C'était terrible, ça allait à l'encontre de *ce qui m'avait été enseigné concernant le sentiment maternel.*

Dès la naissance, avant même qu'Alice n'aille à la crèche, je me suis sentie coupable. Une infection m'a beaucoup fatiguée, *j'en voulais à mon bébé* tout en sachant qu'elle n'était pas responsable de mon état. *J'étais agressive à son égard.*

Lorsqu'Alice a eu 4 mois, il a fallu la laisser à la crèche. Ça s'est mal passé, mais je n'avais pas le choix et ma culpabilité n'en était que plus grande. Au début je la déposais une heure. C'était terrible, j'étais persuadée que le personnel s'en occuperait mal, *que personne ne pouvait la comprendre aussi bien que moi*. Je le voyais, ils ne se précipitaient pas à la moindre alerte. J'étais déchirée entre le désir de m'en occuper et l'obligation que j'avais de travailler. Je pleurais tous les jours.

Je partais, Alice pleurait. Le soir je rentrais, elle pleurait encore. Elle a pleuré pendant huit mois. Les filles de la crèche la portaient dans un kangourou pour la calmer. Durant cette période je n'étais *jamais décontractée*. Le matin, je traînais à la crèche jusqu'à dix heures. Le soir, je quittais mon travail avant tout le monde. J'arrivais à la crèche vers dix-sept heures, parfois encore plus tôt. Elle n'y passait que le temps minimum. Je me sentais coupable d'abandon. Visiblement elle criait pour ne pas y aller. C'était un déchirement.

Je pensais pourtant que ce mode de garde était le meilleur pour elle. De plus, je voyais d'autres enfants qui eux ne pleuraient pas, qui s'épanouissaient à la crèche. Mais à voir son comportement, c'était un constat, elle n'y était pas bien.

Je n'avais confiance en personne, même si les filles étaient sympas et semblaient compétentes. *Je n'envisageais pas que ma fille puisse être heureuse avec elles.*

En plus, elle était insomniaque. Le pédiatre me reprochait d'être trop esclave de ma fille. Il m'a dit : « Qu'elle braille ! laissez-la crier. » C'est ce que j'ai fait. Elle a hurlé pendant trois quart d'heures, et puis j'ai déclaré que ce pédiatre était incompétent. Je m'en voulais, j'avais laissé mon bébé crier, *alors que j'en avais pas vraiment envie*. En réalité, le problème d'Alice, c'est qu'elle ne supportait pas d'être seule. Je l'ai compris depuis. Seulement *moi je voulais* qu'elle soit au calme. Quand j'étais chez mes parents, par exemple, tout le monde avait ordre de marcher sur la pointe des pieds. *Il fallait tout faire pour protéger son sommeil. Je ne comprenais pas que c'était la solitude qui l'empêchait de dormir.* Elle avait peur, elle se sentait isolée. Elle aurait tout aussi bien dormi dans la pagaille et le bruit, avec la télé, la radio, des gens autour. Croyant que c'était *pour son bien*, je la tenais dans le silence.

J'étais *obsédée par la volonté de bien faire*. Il fallait qu'elle soit propre, bien lavée, qu'elle ait pris l'air de telle à telle heure, tout pour compenser le fait que je la voyais peu.

Quand je l'entendais crier, je me sentais coupable de ne pas lui fournir un cadre de vie *tel que je l'idéalisais*, avec un père. Et puis, quand je devais sortir et la laisser seule ne serait-ce que quelques minutes pour faire une course, j'avais des angoisses terribles : et si je me faisais écraser par une voiture ? Personne ne saurait que mon bébé était seul.

Je ne lui ai pas laissé faire ce qu'elle voulait elle. Je suis d'un naturel un peu autoritaire. Je n'étais pas assez cool... *Tellement dans mes histoires !* Je vivais avec le sentiment permanent de ne pas faire les choses correctement, de *sans arrêt devoir surmonter des échecs, d'être en faute.*

Je me comparais à l'image de la mère que j'aurais pu être si j'avais formé un couple stable. Je me suis toujours sentie coupable *du simple fait de l'élever seule.*

La culpabilité a entraîné chez moi un *comportement surprotecteur*. Par exemple, Alice a certainement souffert d'avoir trop chaud. Je la couvrais trop, j'avais toujours peur qu'elle attrape froid. *Ma mère renforçait le problème,* elle me serinait : « Tu comprends, il faut que tu t'occupes bien de ta fille pour compenser ton absence. » Sans arrêt, elle s'inquiétait : « Elle n'a pas bien mangé, il faut l'emmener chez le médecin, tu verras quand elle attrapera une maladie grave. »

À la crèche elle s'est arrêtée soudain de pleurer quand elle a commencé à marcher ; elle avait un an. L'année suivante, peu avant ses deux ans, les personnes qui s'en occupaient l'ont amenée dans la section des grands sans me prévenir. Le soir quand je suis arrivée, elles m'ont raconté : « On n'en revient pas, on l'a mise 1 h pour voir. En fin de compte elle est restée toute la journée, elle n'a eu aucun problème, ça s'est très bien passé. »

Ma mère m'a toujours dit que j'étais démoniaque, que j'avais mon caractère, que j'étais déchaînée. Pourtant à l'école j'étais timide, silencieuse. Un peu comme ma fille à vrai dire.

C'est l'exemple des autres qui m'a aidée à sortir de la spirale de la culpabilité et non pas les connaissances théoriques. À la crèche, je me suis fait une amie qui réagissait très différemment de moi. Elle aussi élevait seule son enfant. En la regardant vivre et agir, je me suis libérée de mes angoisses.

Commentaire : Rosalie a vécu la situation avec beaucoup de tensions et de drames. Elle restait avec sa fille jusqu'à dix heures le matin et la reprenait à dix-sept heures mais n'a jamais pu profiter de ces conditions somme toute plutôt favorables en raison de ses angoisses, de ses *a priori*, de ses attentes catastrophiques et du poids de sa solitude.

Femme seule, elle éprouve du ressentiment contre cette situation qui fait peser sur elle l'entière responsabilité de la protection d'Alice. Elle déplace une grande partie de cette agressivité sur le bébé. Nous verrons par la suite que les réactions de colère contre l'enfant sont présentes chez toute mère, mais généralement refoulées.

Notons aussi le caractère très culpabilisant du discours de la mère de Rosalie, et le jugement terrible qu'elle a porté sur sa fille depuis l'enfance, la qualifiant de « démoniaque » ! Comment, se vivant démoniaque, Rosalie pourrait-elle se sentir une bonne mère ? Il est manifeste que la petite Alice était perturbée davantage par l'anxiété maternelle que par la situation de garde. Rosalie, avec le recul, mesure aujourd'hui combien son angoisse, sa culpabilité et son désir d'être parfaite pour compenser, l'ont éloignée des besoins de son enfant.

Yvette, 60 ans, 3 enfants, restée à la maison, mariée

J'ai commencé à travailler alors que j'avais à peine 20 ans dans le secrétariat de documentation. J'ai rencontré Ferdinand, jeune ingénieur sans le sou. Il était important pour lui de pouvoir assumer la vie de sa femme. J'ai donc arrêté mon activité professionnelle et commencé à faire du bénévolat.

La vie de mon mari avait priorité parce que j'ai été élevée comme ça. La femme s'adaptait aux besoins du mari, c'est l'exemple que j'avais connu.

Si j'avais continué à travailler, les enfants en auraient peut-être pâti entre 6 et 14 ans, parce que j'ai été leur chauffeur pour les activités extra-scolaires, les visites médicales, etc. Les miens auraient sûrement eu à mettre la main à la pâte davantage et je ne le voulais pas. *Il y a une espèce de définition du rôle de la mère ; c'est elle qui doit assurer la nourriture. Je devais être là pour le faire.*

Et puis, si j'avais exercé un métier, j'aurais été à égalité avec Ferdinand. Or, j'avais entendu ma mère dire : « Est-ce que tu penses que ça va plaire à ton mari ? » J'étais l'aînée et d'une personnalité pas très marquée, *je suivais ce qu'on me disait.*

En 70, il y a eu le mouvement des femmes, j'ai commencé à me dire que peut-être je pourrais reprendre une activité à l'extérieur. Mon dernier enfant avait quatre ans.

Mais pour Ferdinand, excellent père de famille et mari conventionnel, c'était hors de question... Il est certain que si j'avais travaillé, je l'aurais fait seulement à temps partiel pour ne pas chambouler la vie familiale. *Je me sentais vraiment responsable du fait que le train-train quotidien fonctionne normalement. Je pensais que c'était primordial. J'ai toujours été une bonne petite fille.*

Et puis j'ai décidé de suivre des cours à l'université pour obtenir un diplôme en traduction. Je partais vers 17 heures une à deux fois par semaine. Ces jours-là le dîner était prêt. *Il fallait que je fasse ça pour me sentir le droit de suivre ce cours.* Alors que mes enfants étaient plus grands, quand j'allais rendre visite à ma famille, quinze jours avant je cuisinais, plats au congélateur, gâteaux, sauces. C'était nécessaire pour ne pas me sentir coupable.

De même il fallait que ma maison soit impeccable... j'ai hérité cela de ma mère. Je me dis que c'est ridicule mais ça m'est difficile de me comporter autrement.

Je ne connaissais pas d'autre modèle que celui de ma mère. D'ailleurs, autour de moi tout le monde faisait pareil, la famille de Ferdinand, les gens dans le quartier.

Et puis fin 70, début 80, on lisait dans les journaux : « Quand les enfants rentrent chez eux après l'école et qu'il n'y a personne pour les accueillir, ils peuvent faire les 400 coups. » Cela confirmait pour moi la nécessité de rester là.

Aujourd'hui ma fille a un enfant. Je souhaite qu'elle ait un travail qui lui plaise et qu'elle puisse profiter tout de même de son petit sans être sans cesse bousculée. Il me semble que ça doit être difficile si elle veut garder les critères vus à la maison. Mais je l'engagerai à poursuivre son travail afin de ne pas se sentir dépendante d'un mari. *Moi j'ai éprouvé de la culpabilité à ne pas gagner d'argent. Je me sentais complètement dévalorisée, sans identité.* Maintenant je fais des traductions, et je me sens quelqu'un d'autre. Ferdinand est généreux et c'est moi qui gère l'argent, mais je me pose toujours la question quand je veux me payer quelque chose. Dans mon travail d'interprète, j'ai mon petit pécule et comme ça je me sens plus indépendante.

Commentaire : Yvette, restée femme à la maison par obéissance à la tradition familiale, exprime comment le seul moyen d'échapper à une culpabilité insupportable a été de ne pas tenir compte d'elle-même en donnant la priorité au mari et aux enfants. Il est particulièrement intéressant de relever que la culpabilité, évitée sur le secteur de la famille, s'est manifestée dans le domaine de l'argent et du statut social. Yvette ne se donnait le droit de prendre du temps pour elle-même qu'à condition que tout soit impeccable. Elle a toujours tenu son rôle. Elle le regrette aujourd'hui, mesure son enfermement, et encourage sa fille à ne pas suivre son exemple.

Catherine, 30 ans, restée à la maison les 3 premières années, mère d'une petite fille de 4 ans, mariée

Après la naissance de ma fille, je n'ai pas travaillé pendant trois ans parce que j'aurais été sûre de me sentir coupable. Il est très important de rester les premières années avec son enfant, plus si on en a la possibilité. La première année quand j'allais au parc avec Julie, je rencontrais des mamans qui travaillaient. Il fallait que je défende ma position de mère au foyer, et ce n'était pas facile.

Pendant cette période j'ai suivi des cours une ou deux fois par semaine. J'envoyais ma fille chez ses grands-parents pendant quatre ou cinq jours pour que je puisse étudier. Elle me manquait et je m'inquiétais un peu mais je ne me sentais pas coupable car elle n'était pas malheureuse. Depuis un mois je travaille, mais seulement à temps partiel. Jusqu'à présent ça va parce que je peux m'occuper suffisamment de Julie. Récemment, elle a vomi la nuit et elle n'était pas bien le lendemain. Je me suis sentie heureuse d'être employée dans un endroit où je pouvais me rendre disponible. *Si je n'étais pas restée pour veiller, surveiller qu'elle allait mieux, je me serais inquiétée, et je me serais sentie malheureuse.* Si parfois elle mange mal pendant quelques jours, ou si elle fait des crises de colère, j'essaie toujours de trouver une raison en rapport avec moi ou son père. *Je prends un peu trop de responsabilité pour son comportement.* Si elle ne mange pas, je me dis qu'elle est peut-être inquiète ou stressée parce que ses parents se sont disputés. Mon devoir est de faire tout ce que je peux pour elle. C'est mon enfant et il faut que je m'en occupe le mieux possible. Le travail à plein temps m'effarerait, surtout dans une grande entreprise. Je sais que c'est mal vu de quitter son emploi pour aller chercher son enfant ; ou prendre une journée ici et là. J'ai une copine qui a eu des problèmes pendant sa grossesse. Au bureau ils ne lui ont pas facilité les choses, et maintenant elle ne peut plus prendre de temps quand ses enfants sont malades. Je sais ce qu'elle vit et ça me fait très peur. Et puis ça représenterait de longues journées pour Julie en garderie. J'imagine déjà l'angoisse à l'idée de la déposer pendant huit à dix heures par jour.

Ma mère était constamment là pour nous. Quand on rentrait, il y avait toujours quelqu'un. Quand nous sommes arrivés en secondaire, j'ai eu l'impression qu'elle aurait préféré faire autre chose. *Je la sentais frustrée.* C'est bien de rester avec ses enfants mais peut-être pas trop longtemps.

Je sens qu'on ne peut pas gagner dans cette histoire : les mères qui travaillent, ce n'est pas bien parce qu'elles laissent leurs enfants ; et les mères qui ne travaillent pas n'aident pas autant leur famille. Une mère se sent inévitablement coupable. Il y a toujours quelqu'un pour la faire s'auto-accuser. Le remède c'est d'être fort en soi, sûr de ses convictions, écouter sa conscience et faire du mieux qu'on peut.

Commentaire : Catherine s'est arrêtée plus par devoir que par réel désir. Ses envies n'entrent même pas en ligne de compte. Elle n'est toutefois pas dans la dynamique du sacrifice ; elle se permet de confier sa fille à ses grands-parents pour suivre des cours.

Elle est en recherche, se pose des questions, voit bien qu'elle prend trop de responsabilité dans les comportements, émotions et attitudes de Julie. Elle perçoit bien que le problème n'est pas tant de travailler ou non, mais qu'il réside dans cette propension à la culpabilité qu'ont tant de mères.

Geneviève, 43 ans, mère d'une fille de 24 ans, secrétaire, mariée

Quand j'étais enceinte, mon mari et moi étions sans travail, et ma fille n'a pas été tellement désirée. J'avais à peine dix-neuf ans et son père vingt-six. Nous l'avons acceptée, et nous voulions lui donner tout ce que nous-mêmes n'avions pas eu étant enfant, surtout mon mari qui a été élevé sans parents. Alors il n'était pas question pour moi de ne pas travailler.

Et puis mes parents étaient des bûcheurs. Ils étaient artisans et nous étions une fratrie de quatre. J'étais la dernière ; la sœur aînée s'occupait de nous. Nous avions des compensations ; nos parents étaient communicatifs et chaleureux. La maison était toujours ouverte. J'ai repris un travail pendant la grossesse. Après la naissance l'arrêt a été court, juste les six semaines de congé de maternité. Et puis Véronique a été en nourrice. Séparée d'elle toute la journée, je ressentais le besoin de combler cette coupure par beaucoup d'attention le soir. *Nous nous sommes partagé les tâches avec mon mari et je ne peux pas dire que j'ai été culpabilisée.* Il l'emmenait le matin, moi je la récupérais le soir, il lui donnait son bain...

Avec la nourrice, ça s'est bien passé. Elle avait accouché en même temps que moi, j'avais confiance. Au début je lui téléphonais pour savoir si tout allait bien. À un an et demi Véronique a été en garderie. Là je doutais et j'y suis allée plusieurs fois à l'improviste. Mais je n'ai jamais été déçue. Elle était en garde de sept heures à dix-neuf heures et finalement ne semblait pas en être malheureuse.

Commentaire : Geneviève n'a pas ressenti le poids de la culpabilité. Plusieurs éléments semblent l'en avoir protégée. Sa propre mère travaillait, c'était donc quelque chose de normal pour elle. D'autre part, elle avait besoin de gagner de l'argent et n'avait donc pas le choix de retravailler ou non. Enfin, son mari participait activement à toutes les tâches quotidiennes.

Laure, 40 ans, aide-soignante, une fille de 21 ans et un garçon de 3 ans, mariée

J'ai toujours travaillé. Actuellement j'ai une nourrice pour mon fils. Les horaires sont pénibles. Je me lève tous les matins à quatre heures trente pour que tout soit prêt quand je réveille Gabriel à cinq heures trente. J'aime pouvoir en profiter un peu à ce moment-là. *Je suis jalouse de la nounou qui l'a toute la journée.* Elle voit ses progrès avant moi et ça me rend folle de rage. Et en plus je dois la payer ! Je suis révoltée contre la société qui n'aide pas les mères à avoir du temps avec leurs enfants. Heureusement que mon mari participe.

Si je n'avais pas été contrainte de gagner de l'argent, je me serais mise en disponibilité trois, quatre ans. Je n'aurais pas voulu m'arrêter davantage parce qu'*il est important d'exercer sa profession, surtout pour des femmes qui aiment ce qu'elles font.* En ce qui me concerne, je suis frustrée de ne pas avoir choisi mon métier. J'aurais aimé être libraire et je fais le ménage en réanimation infantile. J'apprécie le contact avec les enfants malades mais le travail lui-même est mal considéré et n'est pas enrichissant du tout. Il m'arrive de sortir de l'hôpital fatiguée, contrariée et mon énervement retombe alors sur mon petit garçon. *Je m'en veux parce qu'il n'y est pour rien.*

Je me sens coupable aussi de ne pas aller le chercher à l'école. Quand je peux l'attendre c'est un grand bonheur pour lui. Il me saute au cou et *ça me fait de la peine parce que je me dis que je devrais le faire tous les jours*. Je remplis mal mon rôle de mère. Quand je suis de congé, c'est pour faire des tâches ménagères, étant sans cesse fatiguée, je profite mal de mon fils.

J'ai besoin d'exprimer mon désaccord au monde entier. Ma mère était ouvrière, elle était plus soumise et acceptait mieux la situation. Quand on aime ses enfants, on se fait obligatoirement du souci. Et *je me sens privée de ne pas pouvoir m'en occuper* complètement. Je ne peux pas avoir l'esprit serein au travail. Par exemple, quand on m'appelle au téléphone c'est la panique ; j'ai toujours peur qu'on m'annonce que mon fils est malade ou a eu un accident. *La nounou me vole des heures !* »

Commentaire : Laure se sent frustrée de ne pas pouvoir « profiter » suffisamment de son enfant, et cela d'autant plus que son métier n'est pas celui qu'elle a vraiment choisi. Sa révolte apparaît comme la résultante d'un cumul d'insatisfactions et de privations dans sa vie personnelle et dans son rôle de mère. Sa culpabilité est surtout un retournement de la frustration. Elle exprime avec force à la fois son envie de s'occuper complètement de son enfant les premières années de sa vie, et la nécessité pour elle-même de reprendre une vie professionnelle.

2.

Les préjugés et la réalité

Le travail des mères de famille a vu une rapide expansion. Aujourd'hui sont actives : 89 % des mères avec un enfant, 85 % avec deux, et plus de 66 % encore avec trois et plus. (Recensement 2004-2007 – Insee).

Les préjugés de notre culture veulent que la place d'une mère soit auprès de son enfant, à pouponner le tout-petit, faire le goûter des écoliers et surveiller les devoirs. Elle doit être à la disposition de ses bambins et se réaliser dans ce service.

Ces croyances véhiculées par le milieu culturel et l'éducation ont soutenu un fonctionnement de société pendant des générations. Le monde a changé, il est temps de les remettre en cause et de considérer la réalité actuelle.

Dans le discours de ces femmes qui travaillent, on retrouve constamment le sentiment de culpabilité, exprimé de manière plus ou moins camouflée. Cette réaction qui amène tant de mères à se culpabiliser est-elle justifiée ?

D'autre part quel est l'impact de leur choix professionnel sur la santé, le développement, l'avenir de leur enfant ? Elles-mêmes sont-elles plus heureuses ou plus stressées ? Que devient la famille ?

Culpabilité fondée ou fantasmatique ?

Francine est exténuée, son métier lui demande beaucoup. À mi-voix, elle lâche dans un souffle coupable : « Et il faut encore supporter la famille après le boulot. » Pour les femmes, pour les mères, maris et enfants constituent encore trop fréquemment des sources d'épuisement, et ce malgré toutes les joies trouvées au contact de ces êtres qu'elles aiment.

Francine porte trop sa famille. Enfermée comme tant d'autres dans les *il faut/on doit*, comment pourrait-elle être attentive à elle-même ? On lui a tant seriné que son besoin propre et le lieu de son véritable épanouissement c'était justement de faire passer ses enfants avant elle. On le lui a dit et répété, elle doit se sacrifier pour ses proches.

Les femmes d'aujourd'hui ne croient plus que leur seule place soit celle du service de la famille. Mais elles continuent malgré cela de se penser responsables du bien-être de tous, et le processus de culpabilisation persiste.

Que les femmes devenues mères travaillent ou non, elles se sentent facilement coupables de toutes sortes de choses. Ce vécu ne semble pas lié à une réalité de faute par rapport à l'enfant ; il est la résultante d'une multitude de sentiments mêlés, difficilement exprimables. Tiraillements internes, désirs contradictoires, peur du jugement, sens du devoir, impuissance, colère retournée contre soi en sont les constituants habituels.

Celles qui travaillent disent :

« Ma vie de jeune mère, je m'en souviens comme d'une période où j'étais constamment sous stress, je ne me sentais bien que le dimanche parce que ce jour-là il n'y avait pas de problèmes de garde. »

« Quand je travaillais, je me sentais coupable parce que je ne remplissais pas cette mission de mère que j'avais mise à un certain niveau. »

« Je m'imaginais toujours que quand je n'étais pas là, ce n'était pas aussi bien que quand j'étais là. »

« Je vivais dans le sentiment permanent de ne pas faire les choses bien, de sans arrêt devoir surmonter les échecs, d'être fautive. Je me comparais à l'image de la mère que j'aurais pu être si je n'avais pas été seule et si j'avais pu m'arrêter de travailler. »

« Ma mère renforçait le problème, elle me serinait : "Tu comprends il faut que tu t'occupes bien de ta fille pour compenser ton absence." »

Celles qui restent au foyer disent :

« Je me sentais coupable de ne pas gagner d'argent. Je me sentais complètement dévalorisée, sans identité. »

On remarquera l'absence dans ces phrases de référence aux besoins de l'enfant. Il s'agit de l'idée que chacune se fait de ce que doit être une mère et une femme.

Le préjugé :

Une femme qui travaille ne peut pas s'occuper correctement de son bébé.

La réalité :

Certes, c'est difficile. Et d'autant plus que dans la majorité des cas, l'aménagement du temps et des conditions de travail n'est pas possible. C'est ce manque de souplesse qui est en cause et non le fait du travail maternel. La société devrait fournir aux mères le moyen de remplir leurs fonctions parentale et professionnelle.

Un million cent quatre vingt mille enfants sont gardés par leur maman. Leurs métiers le leur permettent ou les y obligent. Ce sont des agricultrices, des commerçantes assistant leur conjoint, des travailleuses à domicile pouvant moduler leur temps, des employées de services (assistantes maternelles, femmes de ménage), ou des femmes ayant des horaires décalés avec leur conjoint.

Le préjugé :

Une femme ne se réalise que dans son rôle maternel. Une femme qui n'a pas d'enfant n'est pas vraiment une femme ; il lui manque quelque chose d'essentiel.

La réalité :

Se réaliser signifie développer et utiliser au maximum toutes ses compétences. Or une femme a d'autres sphères d'habileté que les soins aux enfants. Le maternage permet certes la réalisation de soi en tant que mère. Mais être femme ne peut se réduire à être mère. Une femme reste une femme et peut vivre une vie très riche sur tous les plans sans enfanter.

La maternité ne peut pas combler toute la vie d'une personne ; d'autres investissements demeurent nécessaires à son équilibre et à son épanouissement. Tout être humain, homme ou femme, a besoin d'un secteur propre de réalisation.

Le préjugé :

Un petit ne peut pas être heureux s'il n'est pas auprès de sa mère de manière permanente car elle seule peut lui assurer une sécurité matérielle et affective sans failles.

La réalité :

Et le père ? Un petit a besoin pour se sentir en sécurité d'un adulte familier à ses côtés. Ce peut être la mère bien sûr, mais aussi le père ou une autre personne à laquelle il est habitué. La mère qui travaille est devenue la norme. Le ou les enfants sont donc confiés pendant ses heures d'absence.

Les mères au foyer, apparemment plus disponibles, n'ont pas toujours envie de consacrer la majeure partie de leur temps à l'éveil de l'enfant. Elles sont nombreuses à faire passer les tâches ménagères avant les jeux et n'offrent pas forcément une réceptivité adéquate aux importants besoins d'interactions des petits. Il est irréaliste de demander à une mère d'être disponible à son bébé en permanence.

Quant à la sécurité matérielle, il est à noter que le risque d'accidents graves est nettement plus élevé au foyer qu'en structure collective. Avant un an, 72 % des accidents ont lieu à la maison. Entre un an et quatre ans les chiffres sont de 57 % contre seulement 4 % en lieu extérieur d'éducation (ministère des Affaires sociales et de l'Intégration SESI).

Le préjugé :

Les petits mis en nourrice ou en crèche souffrent du manque familial, ce qui a une répercussion négative sur leur niveau d'acquisition. Une personne qui n'est pas sa mère ne peut pas s'en occuper aussi bien, donc il est logique que son développement en pâtisse.

La réalité :

Le fait de vivre partiellement à la crèche ou chez une nourrice apporte au bébé des sources différentes de stimulations. Si celles-ci sont de bonne qualité, elles font partie des facteurs positifs qui favorisent l'éveil. L'expérience d'être manipulé par différentes personnes peut être profitable à condition toutefois que celles-ci soient suffisamment chaleureuses et sécurisantes. Les mères au foyer, occupées par le ménage et autres tâches prennent peu de temps pour jouer alors qu'à la crèche les interactions sont plus nombreuses.

Les enfants en garde dans la journée sont en contact avec une plus grande diversité de personnes, de lieux, d'ambiances. Si les changements leur sont imposés de manière trop précoce, brusque, ou inadaptée, ils peuvent être inhibants.

Sur le plan affectif il est clair toutefois qu'une journée entière sans voir maman, c'est long.

Le préjugé :

Les petits enfants en crèche sont plus souvent malades.

La réalité :

Les recherches de l'INSERM établissent que les enfants de mères actives se portent globalement mieux que les autres.

Il est cependant vrai que les petits attrapent facilement des virus en collectivité, et ce d'autant plus que dans la grande majorité des cas, la mère cesse d'allaiter. De nombreuses études ont confirmé le rôle protecteur à court et long terme de l'allaitement maternel.

Le tableau ci-contre concernant la mortalité infantile suivant les catégories socioprofessionnelles croisées des parents montre que : « La mortalité des enfants est plus faible dans toutes les catégories quand la mère est elle-même active. Ainsi, un enfant d'un an "père ouvrier qualifié-mère employée" a une meilleure chance de survivre qu'un enfant de cadre supérieur dont la mère ne travaille pas. L'enfant le plus protégé est celui dont le père est membre d'une profession libérale ou cadre et dont la mère est elle-même cadre moyen ou employée. L'enfant le plus exposé a une mère non mariée et non active. » (Mr Quang Chi Dinh, INSEE)

Taux de mortalité infantile suivant les catégories socioprofessionnelles croisées des parents

	Catégorie socioprofessionnelle de la mère (Pour 1 000 nés vivants)												
						Ouvriers	Dont						
	Agriculteurs exploitants et salariés agricoles	Patrons de l'industrie et du commerce	Professions libérales et cadres supérieurs	Cadres moyens	Employés		ouvriers qualifiés contrem	ouvriers spécialisés	manœuvres	Autres actifs	Mère active	Mère non active	Ensemble
Agriculteurs exploitants et salariés agricoles	*10,8*	–	–	8,1	8,3	8,9	–	–	–	–	9,3	*10,6*	10,0
Patrons de l'industrie et du commerce	–	9,8	8	7,7	8,4	–	–	–	–	–	8,8	9,7	9,2
Professions libérales et cadres supérieurs	–	–	7,8	7,7	7,5	–	–	–	–	–	7,7	8,5	8,0
Cadres moyens	–	–	8,4	7,6	7,5	9,0	–	9,6	–	7,9	7,7	8,4	7,9
Employés	–	–	8,1	7,3	7,9	9,9	9,1	*10,6*	*10,4*	8,5	8,1	9,8	8,7
Ouvriers dont	–	–	–	8,0	8,4	9,6	9,7	9,7	9,1	9,1	8,9	*11,8*	*10,4*
Ouvriers qualifiés, contremaîtres	–	–	–	8,1	8,2	9,2	9,2	9,4	–	9,7	8,6	*11,0*	9,7
Ouvriers spécialisés	–	–	–	7,9	8,5	9,9	9,5	9,9	*10,5*	9,1	9,1	*12,4*	*10,9*
Manœuvres	–	–	–	–	–	*12,5*	–	–	–	*11,8*	*13,9*	13,3	
Autres actifs	–	–	–	7,9	8,0	–	–	–	–	9,4	–	–	9,0
Enfants légitimes													
Père actif	*10,2*	9,7	8,1	7,7	8,0	9,5	9,0	9,7	9,8	8,9	8,4	*10,7*	9,4
Père non actif	–	–	–	8,6	9,8	–	–	–	–	–	*10,4*	*16,0*	*13,7*
Ensemble	*10,2*	9,7	8,1	7,7	8,0	9,5	9,1	9,8	9,9	8,9	8,4	*10,8*	9,5
Enfants nés hors mariage	–	–	8,0	8,8	9,9	*12,3*	*10,6*	*12,6*	*14,4*	*11,5*	*10,7*	*16,2*	*13,4*
Ensemble nés hors mariage	*10,3*	*10,6*	8,5	7,8	8,2	9,9	9,2	*10,1*	*10,8*	9,4	8,7	*11,4*	10,0

Source : Insee. Enquête mortalité infantile des générations 1971-1983. Champ : Générations 1976-1983.

Le préjugé :

Le travail fatigue les mères.

La réalité :

Voici encore une donnée déroutante : être une femme au foyer constitue un facteur de risque quant à un accouchement prématuré. L'unité de recherches épidémiologiques sur la mère et l'enfant de l'INSERM a établi que, dans le contexte français, avoir un travail n'est pas en soi préjudiciable à la grossesse.

Les femmes actives sont globalement en meilleure santé que les autres et paradoxalement plutôt moins stressées. Les enquêtes montrent que les femmes au foyer fument davantage, ont tendance à être plus corpulentes et victimes de maladies psychosomatiques.

Les statistiques concernant les femmes au chômage sont équivalentes à celles des femmes qui ont un emploi.

Ces résultats sont inverses à ce qu'ils étaient il y a quelques années. Le monde a changé ; les conditions de travail se sont transformées ; le nombre de naissances a diminué, et surtout soins médicaux et protection sociale se sont améliorés. Parmis les facteurs en cause on relève que les femmes qui travaillent sont plus informées, mieux suivies et moins déprimées.

Le préjugé :

Une femme qui travaille ne peut pas allaiter. Elle sera trop fatiguée, son lait se tarira.

La réalité :

Toutes les études statistiques récentes menées dans les pays industrialisés concordent. Elles montrent que l'allaitement au sein est plus fréquent et dure plus longtemps chez les femmes ayant fait des études supérieures et exerçant une profession.

Certaines tirent leur lait, le congèlent et le font donner par la personne qui garde le bébé en leur absence. D'autres allaitent le matin, le soir et le week-end. Le sevrage précoce est dû au manque d'information, de soutien et de conseils bien davantage qu'au travail.

Le préjugé :

Le travail des mères oblige à une scolarisation précoce.

La réalité :

L'école n'est obligatoire qu'à partir de six ans, mais les enfants y vont de plus en plus tôt. En 1990, la presque totalité des enfants de trois ans (99 %) et un petit de deux ans sur trois étaient scolarisés. Si le taux de scolarisation avant 3 ans est un peu plus élevé lorsque la mère occupe un emploi, avec 32,5 % contre 28,4 %, l'écart reste limité. (INSEE, enquête famille 1990.) Les mères au foyer mettent aussi leurs enfants à l'école de plus en plus tôt. Désir de performance et gratuité du mode de garde sont davantage en cause que le travail des mères.

Le préjugé :

Les enfants qui ne bénéficient pas de la présence de leur mère au foyer ont un handicap sur le plan scolaire parce que les devoirs ne sont pas surveillés.

La réalité :

Les enfants de mères « actives » ont de meilleurs résultats scolaires. Une recherche effectuée en 1981 par le CREDOC sur 3 000 femmes le montre sans équivoque. Georges Menahem, chargé de recherche au CNRS l'explicite : « 35 % des filles de femmes sans diplôme et n'ayant jamais travaillé durant la jeunesse de leur enfant ont eu une scolarité normale ; elles sont 42 % lorsque la mère avait travaillé. 35 % des fils de femmes ayant au moins le brevet ont obtenu un diplôme supérieur à celui de leur père quand leur mère était restée au foyer ; ils sont 50 % quand la mère a exercé une activité professionnelle. » Ces chiffres établissent sans ambiguïté le facteur globalement stimulant de l'activité professionnelle de la mère sur les enfants même si, et peut-être parce que (!) les devoirs sont moins surveillés. Les mères actives ne se désintéressent pas du travail scolaire, loin de là. Elles y consacrent certes moins de temps mais ont probablement plus le souci de responsabiliser l'écolier. D'autre part, aux yeux de celui-ci, le métier fait partie intégrante de la vie adulte, que l'on soit homme ou femme, et les deux modèles parentaux interviennent ainsi conjointement dans le processus d'identification.

Les trajectoires des enfants dépendent du niveau de diplôme et de l'activité des mères*

En %

Niveau de diplôme général et activité professionnelle de la mère durant la jeunesse des enfants	Aucun diplôme		Certificat d'études primaires		Brevet et plus		Ensemble	
	N'a jamais travaillé	A travaillé	N'a jamais travaillé	A travaillé	N'a jamais travaillé	A travaillé	N'a jamais travaillé	A travaillé
Les trajectoires des filles								
Proportion d'enfants sans retard dans leurs scolarité (1)	35	42	49	54	59	65	41	48
Proportion d'enfants en progrès vis-à-vis de leur père :								
– par leur niveau de diplôme	24	31	43	45	45	61	31	39
– par leur statut socioprofessionnel (2)	39	35	49	61	34	45	41	53
Proportion d'actives continues	32	35	41	44	42	49	36	40
Les trajectoires des fils								
Proportion d'enfants sans retard dans leurs scolarité (1)	39	41	52	43	52	50	42	42
Proportion d'enfants en progrès vis-à-vis de leur père :								
– par leur niveau de diplôme	25	32	42	43	35	50	28	35
– par leur statut socioprofessionnel (2)	40	48	44	52	37	55	41	49
Proportion de conjointes actives continues	33	39	35	49	44	52	34	42

1. *On a construit un indicateur de retard scolaire en comparant l'âge auquel on accède dans des conditions normales au niveau de diplôme déclaré. Les sans diplômes sont incorporés au groupe de personnes présentant un retard scolaire.*
2. *Plus les mères sont diplômées, plus leurs conjoints ont fréquemment un statut professionnel élevé. Cela explique que la proportion d'enfants dont le statut socioprofessionnel est supérieur à celui de leur père soit plus faible quand leur mère a au moins le brevet.*

Source : enquête « Fécondité-Conditions de vie », CREDOC, 1981.
Champ : femmes vivant avec un conjoint non agriculteur et avec au moins un enfant de moins de 17 ans ; hommes non agriculteurs, vivant en couple, et avec au moins un enfant âgé de 17 ans.

Le préjugé :

L'enfant n'aura jamais confiance en lui.

La réalité :

Contraint à ne pas être constamment accompagné par sa mère, l'enfant dont la mère travaille a l'occasion de prendre des initiatives. Il explore davantage ses possibilités puisque maman n'est pas là pour prendre les devants et il accède plus rapidement à l'autonomie. Un enfant avec deux parents actifs est davantage stimulé dans sa prise d'indépendance. À condition bien sûr qu'il ne soit pas insécurisé par le stress familial et victime d'attitudes parentales inspirées par la culpabilité.

L'enfant qui peut profiter à chaque instant de la présence maternelle sécurisante s'y réfugiera volontiers, réduisant ainsi les risques de la découverte.

Le préjugé :

Les enfants s'ennuient.

La réalité :

Certes, il est dur de rentrer dans une maison vide. C'est long d'attendre seul le retour des parents. Petits et grands regardent tout et n'importe quoi à la télé et se concentrent sur leur console ou leur ordinateur. 21 % des onze/vingt ans déclarent s'ennuyer fréquemment. Mais la présence physique des parents ne suffit pas à enrayer les moments de cafard et freiner l'attrait pour les jeux électroniques. L'ennui est un équivalent dépressif. De nombreux enfants s'ennuient même en présence de leurs parents. C'est le manque de communication véritable qui est en cause.

Le préjugé :

Un foyer vide toute la journée fait des drogués et des délinquants.

La réalité :

C'est bien plutôt le vide de sens, le vide d'amour et de communication qui mènent à la délinquance et à la drogue.

Projeté dans l'avenir, le spectre de la délinquance, de la drogue et de l'échec social conduit beaucoup de parents à vouloir surveiller, contrôler au maximum leur progéniture. Le meilleur garant leur semble être la solidité du milieu familial incarnée par « la mère à la maison ». Les statistiques là encore ne confirment pas cette idée. Si les jeunes en difficulté sont issus de foyers trop souvent vides, les éléments déterminants sont davantage la désunion des parents, les carences éducatives, l'absence physique et/ou affective du père, l'alcoolisme ou les perturbations mentales des parents, les conditions socio-économiques défavorables, le manque d'instruction, etc.

Ce que le travail apporte

C'est manifeste, le travail des mères n'est pas en soi problématique pour les enfants. Les données statistiques vont à l'encontre des idées reçues et bouleversent nos croyances.

Comment expliquer ces résultats ?

Un premier aspect est évident : les mères au foyer sont isolées. Même si elles voient des ami(e)s, leur environnement est plus pauvre que celui des femmes actives. Ces dernières reçoivent davantage d'informations, et de sources variées. Plus ouvertes sur le monde extérieur, elles sont mieux stimulées. Les rencontres entre collègues sont l'occasion de nombreux échanges au sujet des enfants. Les femmes partagent soucis, recettes, conseils, expérience ; elles alertent ou rassurent. La solidarité féminine joue le rôle de soutien affectif et de prévention sanitaire informelle. Ces mères, mieux informées, moins seules face aux problèmes posés, ont plus de discernement pour surveiller efficacement leurs enfants d'où, peut-être, la meilleure santé de ceux-ci.

Travaillant à l'extérieur, elles relativisent les détails de la vie quotidienne ; elles sont moins exigeantes et n'ont pas le temps d'être maniaques. Dans leur souci de parer au plus pressé, elles prêtent peu attention à certaines petites choses auxquelles s'attachent les « femmes d'intérieur ». En conséquence, l'enfant subit moins de contraintes.

Les mamans qui retrouvent leur petit après une longue journée d'absence leur manifestent la joie des retrouvailles. Le moment de la rencontre est une occasion pour chacun de manifester activement son attachement. Les mères privées de leur enfant pendant tout le jour ont envie d'en « profiter » quand elles le récupèrent et sont peut-être plus disponibles pour jouer, ou au moins pour parler.

Enfin, les parents sont des modèles. Le travail à l'extérieur, s'il représente pour la femme une opportunité de réalisation d'elle-même, sera ressenti par sa fille ou son garçon comme étant une source de valorisation et non de contraintes. De son côté, il ou elle aura plaisir à prendre le matin son cartable comme papa et maman leurs dossiers, et à aller vers l'école d'autant plus volontiers qu'eux vont au bureau. Son image du travail sera nuancée et sa perception des rôles père et mère mieux équilibrée. Car il ou elle aura deux modèles.

De surcroît, parce que sa mère n'est pas exclusivement à sa disposition, l'enfant s'habitue très tôt à considérer que l'adulte aussi a des besoins qu'il doit respecter, que sa mère existe pour elle-même et qu'elle trouve sens à sa vie en dehors de lui. C'est très important pour lui, car il peut alors la considérer comme une personne à part entière reconnue socialement.

On entend dire que la maternité donne « enfin » du sens à la vie de la femme. C'est lourd pour les chères têtes blondes à qui incombe ce devoir de combler leur mère. Ils auront du mal à se libérer de cette dépendance.

À l'époque de l'adolescence, le fossé entre mère et fille se creuse encore plus profondément quand la première ne travaille pas. Dans son double besoin de s'opposer à sa mère et de s'identifier au modèle de femme qu'elle propose, l'adolescente vit un dilemme dont elle ne se sort souvent qu'en la dévalorisant voire en la méprisant. Une fille, pour se construire positivement, a besoin de pouvoir respecter et admirer celle qui l'a mise au monde. Cela lui est très difficile si celle-ci est soumise à son mari et dévouée à ses enfants. Une motivation, un centre d'intérêts en dehors de la maison, une réalisation personnelle et/ou sociale de la mère, jouent un rôle indispensable dans l'équilibre de la future femme qu'est sa fille, comme dans celui de chacun des membre de la famille.

Ainsi, non seulement l'activité de la mère ne perturbe pas inéluctablement les enfants, mais elle a généralement sur eux des effets bénéfiques de socialisation, de maturation. Malgré les difficultés d'organisation et les tiraillements affectifs qu'elle engendre aussi bien du côté des parents que des enfants, elle est susceptible de contribuer à l'harmonie familiale.

Les idées fausses ont la vie dure. L'évidence est insuffisante pour les effacer, car cela signifie remettre en question tout un système, toute une culture.

Les mères à la maison

Une mère au foyer n'échappe pas aux risques d'inadéquation, surtout si pour élever ses chères têtes blondes, et « pour leur bien », elle a renoncé à un métier qui lui plaisait. La présence permanente auprès d'un enfant ne suffit pas pour que celui-ci s'épanouisse. Il est indispensable que la situation apporte à l'adulte satisfactions et équilibre personnel. Les femmes qui restent à la maison n'aiment pas forcément cette « réclusion » même si elles l'ont choisie, et risquent inconsciemment de le faire payer à leur enfant. Énervement, réactions agressives, ou dépression... La relation avec le petit s'en trouve altérée.

Plusieurs composantes se mêlent dans les motivations d'une femme qui accepte ou fait le choix de rester à la maison :

L'idéal féminin

Pour les jeunes filles, même si le contexte évolue de nos jours, l'idée est encore fréquente que la « vraie vie » consiste à se marier et avoir des enfants. Aimer et être aimée constitue pour bon nombre le but de l'existence. La priorité est alors de se consacrer à la famille pour préserver cet idéal. Mais amour et réalisation de soi sont deux axes différents.

La volonté du conjoint

Chez certaines, la soumission à l'homme est telle qu'elles adoptent sans protester la position du mari sur un problème qui pourtant les concerne en priorité.

Il n'est pas exceptionnel d'entendre encore une femme dire « moi, je ne travaille pas parce que mon mari ne le supporterait pas. »

Étouffer ainsi sa personnalité entraîne à plus ou moins long terme une usure énergétique, entretient du ressentiment contre l'autre et augmente dangereusement le niveau de frustration.

La peur du monde extérieur

Rester avec les enfants peut aussi constituer un refuge, un alibi, quand au fond de soi se tapit la crainte de ne pas être à la hauteur. La femme sait alors à l'intérieur d'elle-même que ses enfants sont un prétexte pour ne pas affronter ses peurs ; ils sont « contraphobiques », c'est-à-dire qu'ils lui permettent de se protéger de l'angoisse qu'elle ressent à l'idée de se confronter au monde du travail.

L'attachement au confort

S'investir dans un métier demande une certaine confiance en soi, mais aussi des efforts au quotidien. Certaines femmes, si leurs conditions matérielles le leur permettent, préfèrent rester tranquillement dans le cocon familial pour échapper au stress d'une vie partagée entre maison et bureau. Avoir du temps pour arranger leur maison, faire du jardinage et s'occuper d'elles-mêmes leur apportent une grande satisfaction. Cela suppose qu'elles acceptent d'être prises en charge financièrement.

Le confort ne remplacera jamais la réalisation de soi. Tout humain éprouve le besoin de se sentir participer au monde, d'apporter sa pierre à la société autrement que par ses seuls enfants. D'autant que ceux-ci ont besoin d'admirer leur maman autrement que sacrifiée « pour leur bien ».

Le plaisir de rester auprès du bébé

Une maman peut avoir envie de stopper ou freiner son activité professionnelle pendant un temps pour « profiter » des joies de la maternité. Parce qu'elle fait ce choix pour elle et non pour le seul bien de l'enfant, parce qu'elle sait cette période limitée, et qu'elle se sent par ailleurs capable de se réaliser dans un métier, ce temps peut être très bénéfique pour tous les deux.

Dans ce dernier cas, le choix de rester à la maison a toutes les chances d'être positif pour la maman et donc pour son petit. Les autres motivations ne peuvent mener qu'à une frustration profonde, surtout si la femme ne se l'avoue pas.

Sur le plan éducatif, les conséquences sont dommageables. Lorsqu'une femme abdique ses droits à une existence personnelle, nie ses désirs propres et décide de consacrer sa vie à ses enfants, il s'opère en elle une sorte d'alchimie affective. Ces enfants tant aimés deviennent sa raison de vivre mais ils sont en même temps la cause de renoncements personnels. Elle est dépendante d'eux et le leur fait payer.

Une femme qui ne se réalise pas comme elle le désire s'expose à ressentir la nécessité de dominer ses enfants pour se donner une place. Plus elle vivra dépendante d'eux, plus elle cherchera à les contrôler. Insuffisamment valorisée, elle perdra confiance en elle, manquera d'une autorité authentique et compensera en usant de pouvoir. Donnant constamment, faisant

« tout » pour ses petits, elle supportera mal qu'ils ne soient pas « gentils » et « reconnaissants ».

Culpabilisée par son agressivité, la mère la refoulera et présentera le masque d'une personne attentive, dévoué et toujours là quand on a besoin d'elle.

L'insatisfaction peut malheureusement rester longtemps méconnue, dissimulée par un surinvestissement du maternage. La dépression s'installe à bas bruit, compensée par les soucis ménagers et l'organisation domestique. Une mère dépressive peut faire un deuxième ou un troisième enfant pour pallier à l'ennui, tenter d'introduire un renouveau et se confirmer dans le statut de mère. Culpabilisée d'être triste alors qu'elle « devrait » se sentir comblée par son ou ses enfant(s), elle refoule ses affects. Les symptômes sont divers : un désintérêt pour la vie extérieure, les amis, voire pour l'enfant lui-même, soit au contraire un surinvestissement du rôle de femme au foyer. Tout est alors parfait chez elle et elle arbore un sourire permanent... malgré ses maux d'estomac et troubles psychosomatiques divers.

Le terreau de la culpabilité

L'image de la mère

À travers l'histoire, le concept de mère véhicule des valeurs que l'on retrouve encore aujourd'hui : amour, tendresse, dévouement, oubli de soi, etc.

Les bonnes mères se reconnaîtraient à leur abnégation, les mauvaises à ce qu'elles feraient passer leurs besoins, leurs plaisirs, avant ceux de leurs maris et enfants. Comme si la joie incommensurable d'être maman devait exiger le tribut des autres bonheurs. Comme si la responsabilité d'enfants privait du droit d'être soi. C'est bien connu, une mère « ne s'appartient pas ».

La notion de sacrifice fait tellement partie de l'image de mère dans notre culture, qu'il est bien difficile de s'en dégager sans culpabilité, sans ce sentiment diffus de ne pas faire ce qu'on devrait faire, de ne pas être à la hauteur, de ne pas être bonne.

Car la femme se donne ce défi d'avoir suffisamment de ressources intérieures pour assumer deux rôles à la fois, celui de mère et celui de professionnelle, sans remettre en cause les structures actuelles de la société. C'est difficile, et elle aurait pour cela besoin d'aide et de soutien, mais elle estime qu'elle « doit » pouvoir tout assumer. Comme si c'était inné et normal pour une femme. Tout cela représente une exigence extrême. Elle ne se donne pas le droit à l'erreur ; elle doit être parfaite partout. Elle veut montrer aux autres, à sa mère, à son homme, à son patron, qu'elle est capable d'assurer sur tous les plans. Surtout ne pas risquer de décevoir... Ne vit-elle donc qu'en fonction des attentes des autres ? N'a-t-elle pas de vie propre ? Non, la femme a encore de nos jours du mal à exister pour elle. Et ce, malgré les acquis du féminisme. Une mère qui travaille parvient difficilement à être dans son désir propre. Elle se vit entre deux dépendances, deux espaces de soumission.

L'inévitable dépendance de l'enfant

La mère est souvent seule face à cette lourde responsabilité qu'est la vie d'un enfant dans ses bras. D'autant qu'on le lui a dit, l'amour maternel est inné et elle a porté ce bébé en son sein. Elle est censée être compétente pour le soigner et l'élever. La vie d'un nourrisson est là, entre ses seules mains. Il a totalement besoin d'elle. À la maternité, on lui a montré comment donner le sein ou le biberon, comment changer, baigner, bercer, mais la réalité du quotidien c'est bien autre chose encore.

Cet être si minuscule et si dépendant d'elle l'investit d'un pouvoir total. La mission est écrasante du poids d'une autre vie avec des besoins qu'il faut encore deviner. Pouvoir total, mais aussi impuissance complète lorsqu'il pleure sans qu'elle puisse le calmer, lorsqu'il refuse de manger, lorsqu'il ne peut dormir... La panique gagne vite la mère. Si bébé pleure, ou tombe malade, c'est qu'elle a failli à sa mission ! Personne n'est là à ses côtés pour partager l'incertitude ; elle est censée savoir et son amour doit protéger l'enfant de tout mal. Si bébé n'est pas satisfait, c'est sans doute qu'elle est une mauvaise mère, peut-être bien qu'elle ne l'aime pas assez. D'autant qu'elle se sent parfois agressive envers cet être qui lui demande tant.

Alors elle se formule force reproches, allant même jusqu'à s'accuser de n'avoir pas assez d'amour. Il est rare qu'elle ose penser consciemment qu'elle n'est pas seule en cause et qu'il serait normal de partager la charge des soins avec le père. Elle subit sa solitude ; au fond d'elle-même s'installe un sentiment de frustration et d'injustice.

Les mères se culpabilisent surtout lorsque repose sur elles l'entière responsabilité des enfants. Par contre, lorsque l'homme assume sa quote-part de tâches ménagères et de nursing, l'occurrence du sentiment de culpabilité est faible sinon inexistante chez les femmes ainsi soutenues et accompagnées (tout au moins celles que nous avons rencontrées ou interrogées). À l'allégement des charges s'ajoute sans doute pour la femme l'élément sécurisant de savoir son choix accepté par son conjoint ; et celui-ci étant en accord avec le mode de vie adopté y apporte plus volontiers sa participation.

L'idéalisation de l'amour maternel sert la démission des hommes. L'attachement au nouveau-né n'est pas inné ; il n'est ni évident ni automatique pour toutes les femmes. Il se tisse jour après jour à travers la relation de maternage. Comme il peut se constituer de la même manière avec le père ou avec toute autre personne prenant soin de l'enfant.

Le manque de soutien

Mari, entreprise, société : ce sont eux qui devraient s'adapter aux besoins de la mère de famille. Or, c'est elle qui doit faire tout son possible et exercer son métier sans que quiconque ait à souffrir des répercussions de ses maternités ; cela frise parfois l'impossible. Dans notre société, malgré le développement spectaculaire et continu du travail féminin, les droits et devoirs sont encore inégalement répartis. Lorsque surviennent les enfants (surtout à partir du deuxième) la femme opère seule, ou presque, l'ajustement imposé par l'augmentation du travail. Dans beaucoup de familles, que la femme soit active ou non, elle accomplit 70 à 85 % de la totalité du travail domestique. Une étude a été menée aux États-Unis dans des couples militant activement pour l'égalité et donc particulièrement attentifs à la répartition de l'ouvrage. On y a mesuré que dans la réalité les femmes assumaient encore 60 % des tâches. Même lorsque l'homme en effectue, c'est toujours la femme qui les organise. L'égalité des droits n'est pas acquise !

Le poids de l'histoire personnelle

« Pour les gens de ma famille d'origine, les mères qui travaillent se rangeaient en deux catégories : celles pour qui c'était une obligation étaient des "pauvres" femmes ; celles qui le faisaient par choix, des "mères indignes". L'avenir d'une petite fille était de toute évidence d'avoir des enfants et de les élever, de s'y consacrer exclusivement. Je me souviens avoir reçu de mes parents une approbation plus manifeste pour mes activités de couture et de cuisine que pour mes performances scolaires pourtant brillantes. Vouloir faire des études et chercher à me réaliser dans une vie professionnelle tout en ayant des enfants me situait en opposition avec les messages parentaux. Il m'a fallu un sérieux travail sur moi-même pour me libérer de ces schémas, et la culpabilité fut longtemps une compagne assidue dans l'exercice de ma fonction maternelle. » (Mathilde, 60 ans)

L'évolution des mentalités a changé un peu le schéma. D'autre part, l'âge de la maternité est retardé ; les femmes préfèrent installer leur réussite professionnelle avant d'accueillir un enfant. Cependant les jeunes mères d'aujourd'hui ont été élevées par des femmes de la génération de Mathilde et leur modèle est encore imprégné de ces valeurs.

Le choix de rester au foyer ou de retravailler

Aujourd'hui, contraception et avortement permettent le libre choix de la maternité. Dans la majorité des cas les enfants sont désirés, au moins par leur mère. Pour nombre de femmes, la reprise intervient de façon précoce et brutale. Quand la jeune maman est présente en permanence auprès de son enfant pendant les congés maternité, surtout si elle y est trop seule, elle est comme en fusion émotionnelle avec ce tout petit être. Elle a envie de profiter au maximum de ce moment privilégié. Après une telle intensité de contact, la séparation est fréquemment vécue comme un arrachement, un déchirement d'autant que la plupart du temps le changement se fait trop tôt et sans préparation suffisante. Pour accoutumer le bébé à une absence progressive de sa mère, il faudrait que celle-ci soit prête elle aussi à vivre ces coupures. Mais comment envisager tranquillement de se séparer du bambin quelques heures par jour alors qu'on ne retravaille pas encore ? Même si la maman a décidé de reprendre son activité, elle est ambivalente à ce moment-là.

Comment trouver la force d'anticiper la séparation alors qu'on ne la veut pas vraiment ? La tentation est forte de méconnaître la prochaine venue de cet instant déchirant et de ne pas entamer le processus tant qu'il ne s'impose pas.

Ensuite, quand il est devenu impossible de prolonger le temps de « repos », c'est le rythme d'enfer. La course entre le bureau et le bébé, le passage en mode surmultiplié ; il faut penser à mille détails à la fois, assumer le professionnel en ayant en permanence une pensée vers l'enfant. Les deux journées se superposent. Car l'œil de Caïn est dans la tête de la femme. Qu'elle oublie un instant son rôle de mère parce qu'elle est en réunion ou absorbée par un dossier ? La voilà qui s'en fait le reproche et craint que son petit n'en souffre.

Au premier enfant l'intériorisation nécessaire au maternage permet un moindre investissement de l'extérieur. La jeune mère peut se sentir comblée dans la dyade qu'elle constitue avec son bébé et se trouver très bien à la maison. Pour combien de temps ? Certaines mères ont du mal à sortir de cette période fusionnelle ; d'autres à y rester suffisamment longtemps pour le bon développement affectif du bébé. À quoi cela tient-il ? Plusieurs facteurs s'entrecroisent :

• Les conditions socio-économiques se situent au premier plan dans un nombre non négligeable de familles. Cependant, elles ne constituent pas toujours la « vraie » motivation à la reprise du travail.

• Le niveau de formation est un facteur indiscutablement présent. Il va de soi qu'une femme ayant une qualification élevée trouve dans la vie professionnelle intérêt, reconnaissance sociale et rémunération substantielle. Les statistiques vont dans le sens de cette logique, et montrent que les femmes très diplômées privilégient plus facilement leur carrière.

• Les composantes émotionnelles, même si elles ne sont pas clairement mises en avant, jouent un rôle majeur dans la décision. Certaines femmes éprouvent de la difficulté à assumer leur nouveau statut de mère ; elles peuvent avoir le sentiment de devoir du même coup renoncer à leur ancienne position, soit de femme encore enfant, soit de femme amante, soit de femme indépendante, etc. De toute façon, l'image de soi se modifie et ce changement demande une souplesse d'adaptation.

• Les modèles familiaux ont une influence indéniable. Celle qui enfante ne peut échapper complètement à l'impact du rôle maternel incarné par sa propre mère. Qu'elle cherche à s'y conformer ou à s'en démarquer, bien au-delà des attitudes conscientes, ce modèle la guide. Elle reproduira souvent malgré elle les réactions de sa mère.

Comble de l'ironie, plus une fille est en conflit avec sa mère, plus elle répétera les comportements qu'elle stigmatise ; et ce, que le conflit soit ouvert ou larvé. Le degré de liberté d'une jeune maman dans ses choix par rapport à elle-même et à son bébé est pour une large part fonction de l'entente mère-fille.

• La qualité de la relation du couple a une grande importance. Lorsque la communication est suffisamment bonne entre les deux partenaires, la mère se sent sécurisée, aimée pour elle-même en tant que femme. Elle n'aura donc pas tendance à investir la totalité de son affectivité sur son nouveau-né. Quand la relation conjugale n'est pas satisfaisante, la femme se sent peu soutenue, dévalorisée, ce qui la mettra en quête de compensations affectives. Elle sera encline à les rechercher dans une attitude de maternage exclusif et excessif, ou dans une réalisation extérieure.

• Et enfin, comme nous l'avons vu, l'investissement du père vis-à-vis de l'enfant est fondamental. Dans un partage de la responsabilité, tout ce qui pourrait être difficile à gérer matériellement et émotionnellement, est moins lourd et préoccupant.

En définitive, il revient à chaque mère de choisir sa propre solution, celle qui lui procurera le meilleur épanouissement en fonction des contraintes qu'elle rencontre. Les critères de choix fondamentaux à respecter sont ceux qui ménageront suffisamment le sentiment de bien-être et le confort de tous. Chacun doit trouver son bénéfice dans la famille pour qu'elle reste harmonieuse et lieu de soutien et de développement pour tous.

Au cours des six premiers mois, les parents devraient avoir la possibilité d'être davantage présents auprès de leur bébé. Chacun en bénéficierait grandement. C'est si fascinant de voir son nourrisson s'éveiller au monde peu à peu ! Cependant ni papa ni maman ne trouverait épanouissant d'être maintenu dans le huis-clos d'un face-à-face permanent avec son tout-petit. Les alternances temps d'intimité familiale/vie extérieure sont nécessaires à l'équilibre de chacun. Malheureusement, dans la plupart des cas père ou mère se trouve dans l'alternative du tout ou rien. Le travail à temps partiel représente une solution qui comporte beaucoup d'avantages tant pour l'homme que pour la femme, et pas seulement quand l'enfant est nourrisson. En effet, les écoliers témoignent pour la plupart d'un pénible sentiment de solitude quand ils rentrent dans un foyer vide. Quant à leurs mamans au bureau, elles font état d'une angoisse quasi permanente sachant leur(s) enfant(s) seul(s) à la maison.

Cependant, aujourd'hui, seulement 16 % des mères ayant des enfants de moins de 10 ans optent pour le temps partiel et quasiment aucun père. C'est que bien d'autres éléments que le confort des enfants et des parents interviennent : la réduction du temps de travail est encore trop souvent synonyme de suicide de carrière, perte de responsabilités et faible rétribution, désengagement de la vie active à long terme, augmentation de l'écart entre les trajectoires professionnelles au sein du couple.

Ce sont les travailleuses des milieux les plus défavorisés qui paient le plus lourd tribut.

D'autre part, quand une femme réussit à opter pour un mi-temps, l'homme en profite volontiers pour laisser à son épouse l'exclusivité des tâches ménagères. Il est bien connu que lorsqu'on n'est pas à l'usine ou au bureau, on a « tout son temps » ! La mère se retrouve alors avec davantage de charges que si elle travaillait à temps complet, sans compter la dévalorisation sociale qu'entraîne souvent le mi-temps, associé fréquemment à travail sans responsabilité importante.

Le salaire maternel, idée séduisante a priori, aurait l'avantage de libérer les femmes de la dépendance financière. Il risque cependant d'entraîner des effets pervers tels que : enfermement de la mère à la maison et renforcement de la démission paternelle... Remarquons en passant qu'il n'est jamais question d'un salaire paternel ou partagé.

Et puis recevoir de l'argent pour leurs soins à l'enfant ne changerait guère le vécu psychologique de ces mères au foyer qui, pour la plupart, souffrent d'un sentiment de moindre valeur. Elles resteraient à leurs yeux des femmes qui « gardent leurs enfants à la maison » avec un horizon limité et des possibilités d'évolution réduites.

Le projet n'est pas de ramener les mères à la maison, mais de modifier les structures même de notre société de manière à permettre aux parents de concilier avec moins de stress vie professionnelle et vie familiale. Il serait souhaitable de développer les structures d'accueil aux jeunes enfants, améliorer le cadre de la vie urbaine, faciliter l'accès à la formation professionnelle et équilibrer la répartition des tâches domestiques et éducatives au sein des familles.

La française, comparée à ses consœurs dans les autres pays de la CEE, a un taux d'activité élevé et conserve une fécondité relativement forte. Aujourd'hui une femme sur dix seulement n'aura pas d'enfant, contre une sur cinq au début du siècle.

Une enquête datant de 1991 révèle que pour 22 % des Françaises la famille idéale est celle où le mari seul travaille à l'extérieur et la femme se consacre entièrement à ses enfants[1]. Le pourcentage est encore élevé mais est inférieur toutefois à celui que l'on trouve dans

1. CNRS, info n° 258, 1er février 1993.

d'autres pays européens (en Allemagne il s'élève à 34 %).

De toutes façons, qu'elles le désirent ou non, les femmes sont de plus en plus contraintes à une activité professionnelle. D'une part elles y sont poussées par la nécessité immédiate d'un deuxième salaire, d'autre part elles préservent ainsi l'avenir. Compte tenu de l'instabilité des couples (un mariage sur trois finit par un divorce), acquérir et conserver une autonomie financière est une sécurité pour le futur. La dépendance économique entraîne et fait perdurer la soumission à l'homme. L'indépendance financière devient une indispensable condition dans le combat de la femme vers l'égalité, statut si facilement compromis, surtout en présence d'enfants.

Les femmes actives partagent leur temps entre emploi, soins aux enfants, travaux ménagers, et travaillent donc à hauteur de quatre-vingts heures par semaine. Leur rémunération est loin d'être à la mesure de cet investissement. Si on peut considérer que les femmes au foyer assumaient les tâches ménagères en échange de leur entretien par leur mari, les femmes actives ne sont pas davantage aidées par celui-ci et ne sont évidemment pas rétribuées pour ce temps de service à la famille. L'homme fait travailler sa femme gratuitement. Comme le souligne *Chronique féministe* (oct. 92) : « Lorsque deux célibataires se marient, l'homme gagne autant d'heures de loisir que la femme en perd. » Selon les estimations et les méthodes d'évaluation employées, le travail domestique représente de 30 à 75 % du PNB du pays. Il est pourtant loin d'être reconnu en proportion. Les personnes qui exercent une activité professionnelle assurent 35 heures supplémentaires par semaine de travaux ménagers ; tandis que les femmes au foyer effectuent 45 heures. Les chiffres augmentent bien sûr avec le nombre d'enfants.

De plus, et sans faire le bilan complet des injustices sociales auxquelles les femmes sont encore soumises, la revendication « à travail égal, salaire égal » est encore d'actualité. Les implications de cette différence sont dramatiques. Les femmes ont des carrières plus brèves, plus irrégulières et moins bien rémunérées. En conséquence les hommes disposeraient d'une retraite presque deux fois plus élevée qu'elles.

Comme le souligne Annick Boïco : « Il semble bien que cette situation ne corresponde pas à l'effort et à l'énergie fournis durant la vie active. La comptabilisation des points retraite ne permet pas de tenir compte du sacrifice d'une carrière pour soutenir celle du conjoint ou surtout du soin prodigué aux enfants. » (« Profils de femmes », Repères société et finance, n° 26, avril 92.)

Il est temps de sortir de ces vieux schémas et de libérer la femme du poids des préjugés.

Contrairement à une idée répandue, le sentiment de culpabilité n'est pas forcément l'indice d'un « mauvais choix ». Les émotions et les messages inconscients qui l'éveillent n'ont souvent rien à voir avec le caractère erroné de la voie prise. Nous le verrons tout au long de ce livre. La culpabilité se développe en nous d'autant plus volontiers que nous nous sentons obligés de prendre une direction non conforme à nos désirs. Nous ressentons alors un sentiment d'impuissance, avec l'impression de manquer d'options, d'être victime d'une situation. La question de la validation de nos orientations nous obsède. Pourtant, le choix que l'on adopte est forcément le bon sur le moment, puisque c'est celui qui fait notre chemin. En prendre la responsabilité, c'est en même temps faire le deuil des autres voies proposées. En revanche, ne pas décider vraiment nous évite d'assumer nos décisions, nous fait pénétrer dans l'espace du sentiment d'injustice et adopter des attitudes de revendication. La femme qui travaille jalouse alors celle qui reste à la maison ; celle qui est au foyer envie celle qui poursuit son activité. Notre « labeur de vie » est d'apprendre à accepter nos ambivalences, à concilier des désirs apparemment contradictoires et à opérer des choix.

Le sentiment de culpabilité peut être un sentiment de frustration retourné contre soi. Il est urgent de faire évoluer la société pour que maternité et travail puissent être conciliés. Nous avons à faire progresser le temps partagé, et à inventer de nouvelles solutions pour que les mères et les pères puissent passer davantage de temps auprès de leur bébé.

3.

De la culpabilité à la responsabilité

On ne peut être coupable de ce dont on n'est pas responsable. Culpabilité et responsabilité sont deux notions qui devraient donc se trouver accolées. Et pourtant le vécu de l'une et de l'autre semblent bien différents.

L'univers mental de la culpabilité

Il a été proposé à des parents rassemblés pour réfléchir sur les relations parents-enfants de dire spontanément, sans trier, sans faire de commentaires, tout ce qui leur venait à l'esprit à propos de la culpabilité.

L'animatrice établissait au fur et à mesure sur un tableau une « carte mentale », en notant le foisonnement de termes, concepts, expressions, évoqués autour du mot princeps.

Ce procédé amène chacun à exprimer les différentes idées et images qui, pour lui, s'associent à un vocable, révélant ainsi son univers mental. Quand le nombre de participants atteint une vingtaine, comme c'était ici le cas, nous pouvons envisager que cela donne un reflet approximatif de ce que le milieu culturel véhicule à propos de cette notion et de ce qui s'y rattache.

étouffement
pardonner
malaise *remords* *erreur*
manquement
blocage *jalousie* *honte* *faute* *regret*
punition
pourquoi
agressivité Culpabilité *non-dit*
la mère
souffrance
les frères, sœurs *jugement*
j'ai mal *communication*
le père *survie* *enlisement*
j'aurais dû... *asphyxie*
persécuté *mort*
suicide

Ensuite, sans prendre le temps de faire des remarques risquant d'influer sur le résultat, il a été demandé aux mêmes parents de s'exprimer pareillement à propos de la **responsabilité**.

ouverture
libre-arbitre *travail* *recherche d'accord*
risque
volonté *engagement* *difficulté* *décision*
discussion
rendre compte *Responsabilité* *choix*
donner *liberté*
devoir *vérifier* *pouvoir* *autonomie*
conscience
je/nous
échanger *assumer* *prendre*
partager *jugement*
faire *capacité* *distribution* *action* *évolution*
multiplier

Comparons les deux cartes

• On peut s'étonner que dans la première ne figure pas la **responsabilité**, puisqu'on ne peut être coupable d'un acte que si l'on en porte la responsabilité.

De même, on est en droit de se demander pourquoi dans la deuxième carte n'apparaît pas la **culpabilité** puisque commettre une faute, être coupable est un des risques les plus redoutés dans l'exercice de la responsabilité.

Que le sentiment de responsabilité ne soit pas évoqué dans le vécu de la culpabilité, et vice versa, a de quoi faire réfléchir ! Bien sûr, dans un autre contexte ces omissions ne se retrouveraient peut-être pas. Cependant, l'exercice a été répété dans d'autres groupes et à une exception près, le même phénomène s'est reproduit.

• Un seul mot figure à la fois dans les deux cartes : il s'agit de « **jugement** ». On ne constate pas d'autre pont ni même de passerelle, comme s'il s'agissait de deux univers complètement différents, et sans rapport l'un avec l'autre.

• Dans la carte de la culpabilité, on relève presque exclusivement des **termes négatifs**, alors que la responsabilité suscite des **termes positifs**.

Par ailleurs, les émotions et sentiments nommés sont bien contrastés : « malaise, persécuté, souffrance, faute, punition, mort, honte, remords, regret, etc. » traduisent une atmosphère affligeante.

Autour de la culpabilité, un seul terme échappe à ce climat pesant : « communication ».

Reportons-nous aux définitions du Petit Robert. Elles sont parlantes :

– Honte : « déshonneur humiliant... Sentiment pénible de son infériorité, de son indignité ou de son humiliation devant autrui, de son abaissement dans l'opinion des autres ».

– Remords : « sentiment douloureux, accompagné de honte que cause la conscience d'avoir mal agi ».

– Regret : « État douloureux causé par la perte d'un bien... Mécontentement ou chagrin (d'avoir fait, de n'avoir pas fait dans le passé). »

Par contre, en ce qui concerne la responsabilité, les termes employés ont une connotation dynamique et positive. Ils traduisent un tout autre vécu : « joie, ouverture, conscience, liberté, choix, autonomie, donner... ».

• La responsabilité est active ; la culpabilité est passive. Les verbes utilisés en sont témoins.

À la responsabilité sont associés des verbes d'action (donner, vérifier, échanger, prendre, assumer...).

À l'inverse l'évocation de la culpabilité donne lieu à de nombreux substantifs ou adjectifs, et à seulement deux verbes, dont un au conditionnel (j'aurais dû...), l'autre exprimant un état (j'ai mal).

• Sur cette même carte on trouve : mère, frères, sœurs, père. Cela signifierait-il que nous nous sentons plus volontiers coupables vis-à-vis de personnes de notre famille ?

Ces écarts de tonalités entre les deux univers mentaux traduisent bien les différences de vécu. Le sentiment de culpabilité survient quasi à notre insu ; il nous « tombe dessus » ; il est passif et tourné vers le passé. Alors que se sentir responsable demande à ce que nous nous mobilisions vers un but ; c'est un processus actif, tourné vers l'avenir. D'ailleurs on dit bien « je prends telle ou telle responsabilité ; ou j'assume la situation. .. ». Dans le premier cas, on est en proie à des sentiments négatifs, inconfortables ; dans le second, la sensation d'avoir le choix, d'être libre de sa décision s'accompagne d'affects positifs même si la situation est difficile.

Rappelons que le mot « **jugement** », seul terme commun aux deux cartes, peut recouvrir un vécu bien différent. Une personne habitée par le sentiment de culpabilité a une image dévalorisée d'elle-même ; elle est peu confiante dans ses possibilités et craintive devant les initiatives à prendre. Au contraire, une personne qui se sent responsable a une opinion d'elle-même et de la réalité plus nuancée. Elle pense avoir de la valeur. Reconnaissant ses limites, elle se considère capable de poser des actes de qualité.

Le tribunal intérieur

Le sentiment de culpabilité est fréquemment irrationnel. Les formulations conditionnelles utilisées : « j'aurais dû... j'aurais pu... si j'avais su... » l'illustrent bien.

Chez certaines personnes, les idées culpabilisantes vont jusqu'à devenir quasi obsédantes, ne leur laissant aucun repos.

Xaviera estime qu'elle devrait être présente constamment auprès de ses enfants mais elle doit travailler. À chaque fois qu'elle conduit sa petite fille à la crèche, elle est bourrée de remords en l'entendant pleurer. Quand elle est au bureau, elle n'arrive pas à ôter de son esprit l'idée que son bébé est malheureuse. Elle anticipe l'avenir avec des couleurs très sombres : Flora souffrira forcément de maux physiques et psychologiques.

Toutes les réassurances du monde n'y pourront rien. Même si Xaviera retrouve sa petite Flora le soir toute réjouie de sa journée et en bonne santé, il est probable que le lendemain matin elle sera à nouveau en proie à ses idées négatives. Le sentiment de culpabilité inapproprié est sans limites.

Il semblerait que nous ayons besoin, pour d'obscures raisons, de nous fustiger intérieurement. Le gendarme dans nos têtes est sévère ; il pose sa condamnation sans même avoir besoin de preuves tangibles ou de faits réels sur lesquels étayer l'accusation. L'imaginaire est prolixe en réinterprétations et déformations de la réalité servant son propos.

Tout événement passé est susceptible d'être réorganisé « après-coup ». En fonction du ressenti actuel, nous pouvons être tenté de conférer un sens nouveau à ce qui est arrivé ou aurait pu se produire. Refaire ainsi l'histoire des incidents survenus avec des « si j'avais..., si je n'avais pas..., etc. » est un excellent moyen de se culpabiliser. C'est bien sûr essentiellement face à des conséquences présumées néfastes que nos aventures prêtent le flanc à ce processus de remaniement.

Maryvonne emmène ses enfants aux sports d'hiver pendant les vacances de Noël. La première semaine se passe formidablement bien. Tout le monde est heureux, se réjouit de ses prouesses et du beau temps. Et puis le dixième jour un de ses fils fait une chute et se casse la jambe. Les ennuis s'enchaînent : intervention chirurgicale, plusieurs semaines de convalescence, longue rééducation, scolarité perturbée du fait de l'absence prolongée, etc.

Après coup, Maryvonne se reproche de n'avoir pas suffisamment surveillé son gamin ; d'avoir négligé d'apprécier la fatigue de fin de journée (l'accident est arrivé à 16 heures et il skiait depuis le matin !). Et puis... le dialogue interne enchaîne : « Peut-être que les fixations étaient mal réglées et n'ont pas correctement fonctionné. Le jour où j'ai loué les skis, il y avait beaucoup de monde et je n'ai pas exigé de procéder à un essai... Et puis les fixations peuvent bouger au cours du séjour, *j'aurais dû* vérifier de temps en temps l'état du matériel pour chacun des enfants... Mon garçon est un peu trop casse-cou, *j'aurais dû* le mettre en garde... Il était dans un cours peut-être trop fort pour lui, *je n'aurais pas dû* le confier à ce moniteur qui s'en fichait... Et puis si je n'avais pas décidé d'emmener mes enfants en vacances à la neige, tout cela ne serait pas arrivé !... Et puis... Et puis... »

Maryvonne procède à une réélaboration du passé. Les différents éléments sont présentés à son juge intérieur. Malheureusement, celui-ci manque notablement d'indulgence et condamne sans appel. Elle cherche à plaider les circonstances atténuantes, mais il ne les accorde que rarement. Son esprit continue à vagabonder sans repos.

Si son fils n'avait pas fait cette chute, elle n'aurait pas retenu ces facteurs. Elle se serait réjouie de ses performances, estimant qu'il « n'avait pas froid aux yeux ! ». Elle n'aurait pas une seconde soupçonné la négligence du magasin de sports. Et aurait été ravie de ses vacances... La suite des événements invite à « réorganiser » les perceptions, modifiant le sens donné aux comportements de chacun.

Tout cela pourrait paraître absurde puisque hormis la chute elle-même, chaque circonstance est identique dans les deux versions. Et ce n'est tout de même pas elle qui a poussé son gamin à la chute !... Ou alors, peut-être bien que... Le doute est là, dans son esprit, peut-être est-elle responsable quand même !... Elle « aurait dû » contrôler pour qu'aucun mal ne survienne.

Dans son sens étymologique, le mot « culpabilité » évoque le fait d'avoir commis une faute, d'être l'auteur d'un acte reconnu répréhensible en référence à une loi ou au code d'une société donnée. Le jugement est porté en fonction d'éléments évalués le plus objectivement possible – sans toutefois pouvoir bien sûr éliminer totalement tout facteur de subjectivité.

Dans le ressenti *du sentiment* de culpabilité, l'idée de jugement est présente, mais cette fois c'est un tribunal intérieur qui siège et arbitre en fonction de lois ou de règles internes et personnelles. Le subjectif domine.

Le vécu pénible n'est justifié et utile que lorsque nous avons commis une faute réelle. Il traduit alors la conscience de l'autre et la responsabilité vis-à-vis de ses actes. Il nous confère notre humanité, voire notre humanisme. Il nous empêche de faire du mal. Le non-accès au sentiment de culpabilité fait les criminels, autorisant méchanceté et cruauté.

Hélas, dans nombre de situations, on constate que le processus d'auto-accusation est sans rapport direct avec l'importance des faits, voire même inversement proportionnel à la faute.

On connaît des mères capables d'enfermer leur enfant dans un cabinet noir pendant qu'elles vont tranquillement au cinéma, des mamans qui passent tout leur temps à jouer au bridge avec leurs amies plutôt que de s'occuper de leur bébé, sans se sentir fautives le moins du monde.

Tandis que d'autres, contraintes de gagner leur vie, s'accusent d'être de mauvaises mères parce qu'elles laissent leur bébé à la crèche.

Refuser de se sentir coupable, c'est refuser d'entendre la réalité de l'autre. Mais se sentir en faute exagérément, c'est nier sa propre réalité.

Déculpabiliser n'est pas déresponsabiliser

Les parents ont leur part de responsabilité dans les problèmes de leurs enfants. Des otites répétées, une timidité excessive, un comportement violent, des difficultés d'apprentissage, sont autant de symptômes de mal-être à écouter. Il est important que père et mère se posent des questions. C'est ainsi qu'ils trouveront des réponses pour aider valablement leur enfant. Il ne s'agit pas de se vivre responsables de « tout » ce qui arrive au petit, mais de considérer les facteurs impliqués sans oublier que ses géniteurs sont les personnes les plus importantes pour lui ; leurs émotions, pensées et comportements ne peuvent être sans incidence sur leur rejeton. En outre, ils ont la charge de le guider et de le protéger.

Prendre conscience de son implication permet de corriger son attitude si elle a été inadéquate, d'expliquer une situation à l'enfant, de le libérer d'un poids qui peut-être nous appartient, de lui fournir les outils pour évoluer ou sortir de son problème, bref de réparer.

Réparation effectuée, amende payée, on se sent allégé voire dégagé. La relation redevient saine. Mais dans le flou du vécu subjectif, lorsque le sentiment de culpabilité est excessif ou déplacé, il est bien sûr impossible de concevoir l'acte permettant de restaurer valablement le lien. Survient alors la pulsion de compensation qui est inadaptée et sans limites. Plus on cherche à contrebalancer par des cadeaux, des gâteries, des services, plus le fossé se creuse ; culpabilité d'un côté, blessure de l'autre.

Assumer ses actes et leurs conséquences est la seule façon d'éviter la culpabilisation à outrance. Mais c'est une confrontation avec des parties noires de notre personne que nous préférerions garder cachées et qui risque de susciter bien des émotions dont nous avons peur.

Rémi va d'allergie en bronchite. Sans vouloir y croire vraiment, sa mère pense qu'il pourrait bien lui arriver malheur un jour ; elle s'attend à une punition. Cet enfant ayant été conçu dans une période de crise, elle a le sentiment de ne pas lui avoir fourni un foyer harmonieux, de ne pas s'en occuper suffisamment. Sa culpabilité vis-à-vis de Rémi est grande... pourtant elle ne fait pas le lien entre les maladies répétitives et l'atmosphère de tension permanente dans laquelle ils vivent. Car aujourd'hui encore son couple est conflictuel ; elle en assume le poids au quotidien et court sans cesse après le temps. Paradoxalement, tout en n'assumant pas sa part de responsabilité dans les symptômes de son fils, elle se culpabilise en profondeur, se reprochant aussi de travailler. Impuissante devant la situation, elle n'ose pas mettre en relation les problèmes somatiques de Rémi avec l'atmosphère familiale.

Geoffroy a 22 ans, il est hospitalisé pour des bouffées délirantes. Le psychiatre dit à Marina sa mère : « Mais non, madame, vous n'y êtes pour rien, c'est chimique, purement chimique. » Il veut ainsi la déculpabiliser, mais le poids s'alourdit sur les épaules de Marina. Car elle sait bien, elle, ce qui s'est passé. Elle sait qu'elle a élevé cet enfant sans père dans des conditions fort difficiles. Qu'endurcie par les épreuves, elle n'a pas toujours su aimer son fils sans ambivalence. Bien qu'elle ait toujours voulu faire pour le mieux, elle connaît les manques dans leur relation. Elle sait, elle, ce qu'il a dû subir. Lorsque pour ne pas la culpabiliser, le psychiatre la déresponsabilise, elle se sent impuissante, flouée, comme mise à distance.

On hésite à impliquer les parents dans les troubles graves des enfants. Le corollaire de ce tabou est paradoxalement une culpabilisation sournoise et excessive.

Évoquons un autre exemple extrême, le suicide d'un adolescent. Des parents dont le fils met fin à ses jours ne peuvent pas ne pas se sentir fautifs. Il arrive que ce soit si douloureux qu'ils annulent ce sentiment, mais cela ne veut pas dire que leur inconscient ne le porte pas. Le sentiment de culpabilité accompagne la perception de la douleur qui a pu amener l'adolescent à ce geste. Il est lié à l'amour porté à l'enfant.

Éluder le sujet, c'est nier aux parents la possibilité d'affronter leur responsabilité, et donc les enfermer à coup sûr dans la chronicisation de leur auto-accusation, ou dans le déni. La responsabilisation est la seule voie qui permette un véritable processus de deuil.

Dans la vie ordinaire des mères qui travaillent et devant les difficultés et les tracas du quotidien, exercer sa responsabilité consiste à considérer avec lucidité sa part, sans la majorer ni la minorer, et à la situer dans le contexte d'ensemble. Cela demande aussi un travail de deuil, deuil d'un idéal, d'une image de mère totalement bonne.

Pensée magique et toute-puissance

Notre esprit n'arrête pas de produire des images qui mettent en scène nos pulsions, émotions et sentiments, nos craintes et nos angoisses, nos espoirs et nos attentes. Dans ce foisonnement, le meilleur côtoie le pire. Nous ne voudrions retenir que le bon pour avoir une idée rassurante de la vie et une image satisfaisante de nous-mêmes. Par ailleurs, nous pouvons encore craindre, comme quand nous étions petits et au stade de la « pensée magique », que le seul fait de penser une chose risque de la faire arriver. Alors, lorsque des accidents surviennent dans la réalité, cela peut être vécu comme la confirmation de nos fantasmes associée à la peur de pouvoir être l'auteur de l'événement.

La notion de **limites** est un élément fondamental dans cette alchimie affective. En effet, si nous ne reconnaissons pas les frontières de nos capacités, si nous persistons à nous vouloir toujours parfaitement compétentes, nous nous condamnons du même coup à nous juger souvent défaillantes. Car aucun être humain ne possède toutes les ressources nécessaires pour assumer n'importe quelle situation.

Le passage dans le domaine de la responsabilité implique donc que nous fassions **le deuil d'une image de soi parfaite**, capable de tout gérer, de tout endosser, de tout réparer. Nous devons sortir de la prison du « tout ou rien ». Le bénéfice est substantiel car en demeurant dans l'alternative, on se sent bien plus souvent nulle qu'excellente. D'autant que, comme chacun le sait, la perfection est inatteignable.

Sortir de la culpabilité serait donc *lâcher son désir de toute-puissance* ? Abandonner son désir d'avoir du pouvoir sur tout et particulièrement sur son enfant quand on est parent ? C'est étonnant de formuler les choses ainsi alors que justement le ressenti du coupable est fortement connoté par le sentiment d'incapacité. Lequel n'est en fait qu'une des positions extrêmes du balancier tout-puissant/impuissant. En nous stabilisant dans la zone centrale de ce balancier, nous pouvons concevoir que nous avons la possibilité d'apporter notre contribution au cours des choses bien que notre puissance soit limitée. Nous ne donnons ni tout ni rien, mais quelque chose. De plus cet apport est spécifique, quelque soit son importance, car chaque personne est unique.

Et, rappelons-le, un enfant n'a pas besoin d'une mère parfaite et toute-puissante. Il a juste besoin de sa mère, unique.

Les étapes vers la responsabilité

L'acceptation de ses limites est un pas nécessaire vers la responsabilisation.

Véronique a une petite Élodie de deux ans. Elle cultive plus ou moins consciemment dans sa tête l'image d'une mère idéale : une femme dévouée à son enfant, qui veille attentivement sur les aspects tant matériels qu'affectifs, etc. Or, elle travaille et Élodie va à la crèche. Cela veut dire que, jour après jour, Véronique est confrontée à une réalité qui ne lui permet pas de remplir son rôle tel qu'elle se l'est représenté dans ses rêves. En effet, elle ne peut pas être entièrement dévouée à son enfant ni surveiller suffisamment les détails de la vie quotidienne de celle-ci puisqu'elle en est séparée neuf heures par jour.

Pour passer du sentiment de culpabilité à la responsabilité, il lui faut faire le deuil de son idéal de mère. Voici quelques étapes qui habitent le psychisme :

1. Déni : « Je veux me conformer à mon idéal de mère parfaite. »

2. Colère : « Je suis tiraillée entre mon travail et ma fille. C'est injuste, révoltant. Je refuse de sacrifier mon enfant à mon travail (et vice versa à certains moments). La société devrait beaucoup plus aider les mères... Je suis aussi en colère contre mon mari qui ne fait aucun effort pour me remplacer auprès d'Élodie... Et puis celle-ci est une enfant difficile. Les autres semblent s'adapter mieux qu'elle à la crèche. Pourquoi faut-il que toutes ces difficultés tombent sur moi ? »

Ou bien autre type de discours intérieur, retournant la colère contre soi : « Je m'en veux de préférer travailler plutôt que de m'occuper entièrement de mon enfant. »

3. Compromis : « Je vais faire l'impossible pour être cette mère idéale même en travaillant. » Et Véronique multiplie à l'infini les efforts pour être présente à sa fille au maximum. Elle va s'y épuiser, et se rendre compte, au moins à certains moments, qu'elle n'y arrive pas...

4. Dépression : « Je n'en peux plus. Il m'est impossible de m'occuper de mon enfant comme je voudrais.

Je suis triste de ne pas prendre soin d'elle toute la journée. »

Et pire : « Je suis une mauvaise mère... ma petite ne sera pas épanouie, pas heureuse, etc. »

5. Acceptation : « J'accepte la réalité telle qu'elle est. J'ai compris que je ne peux pas m'occuper de ma fille comme je l'avais imaginé. Je décide désormais de lâcher ce type d'exigence et de tenir plus compte de mes limites. Je vois aussi les côtés positifs de ce mode de vie pour elle et pour moi. »

Parvenue à ce stade, Véronique ne se sent plus écrasée par sa tâche. Elle est à nouveau pleine d'énergie pour mener sa vie, certes difficile mais intéressante, de « mère qui travaille ». Elle peut exercer sa responsabilité en se mettant maintenant à l'écoute des besoins de sa fille.

Si nous ne sommes pas attentifs à ce que nous ressentons, nous « subissons » ce déroulement, nous ne l'accompagnons pas, et nous risquons de rester longtemps arrêtés dans l'une des phases, ou d'opérer des retours en arrière qui retardent le dégagement. Ces moments de blocage constituent des opportunités de culpabilisation, particulièrement en phase deux, et en phase quatre.

En phase deux, je suis révoltée contre ce (ceux) qui a (ont) provoqué ma frustration. Si je m'avoue cette colère et l'exprime, je vais m'en libérer et je pourrai passer rapidement en phase trois, mais si je la camoufle, la refoule, elle va agir contre moi. Ce n'est plus aux autres que j'adresserai des reproches, c'est à moi-même.

En phase quatre, je suis triste et déprimée. De ce fait, je me sens nulle, incapable d'assumer correctement ma tâche. Coupable de ne pas être à la hauteur, je me dévalorise, et mon auto-estime en est sensiblement diminuée.

Ainsi, la culpabilité est la conséquence, le prolongement d'une autre émotion. Dans le premier cas, l'émotion princeps est la colère ; dans le second, c'est la tristesse. En les exprimant nous débloquons le flux émotionnel, ce qui laisse la place à un autre type d'affect. Par exemple la joie peut succéder à la tristesse... ou peut-être la colère et, dans ce cas, il s'agit de l'évacuer à son tour, jusqu'à ce que l'on soit habitée par une émotion positive, témoin de la libération.

Il apparaît que le sentiment de culpabilité existe avant que ne se présente l'alternative « je travaille/je reste à la maison ». Nous en explorerons les racines profondément inscrites dans notre inconscient personnel et collectif dans un prochain chapitre.

Passer de la culpabilité à la responsabilité consiste pour une part à faire le deuil de ses illusions de toute-puissance et pour une autre part à prendre en compte la réalité, à s'écouter, à reconnaître et exprimer ses émotions.

4.

La dynamique de la culpabilité

Reprenons l'exemple de l'accident de ski. Dans la tête de Maryvonne, il a pu se passer bien des choses. Par exemple : « Cet enfant, je l'adore mais il m'énerve ! Avec sa vitalité, sa turbulence, il me fatigue, et il me met en face de la baisse de mon élan vital. J'étais comme lui quand j'étais gamine, mais maintenant que je suis une grande personne et en charge de famille, j'ai peur sur les pistes ; j'ai perdu de ma hardiesse et du même coup l'ivresse des descentes schuss. Finalement, à y regarder d'un peu plus près je me sens jalouse de lui, de sa jeunesse, de sa fougue, de son absence de peur, de son accès si facile au plaisir du moment. Je ressens presque, si j'ose me l'avouer, une impression de vague contentement du fait de son immobilisation ; il est bien puni. Et puis je lui en veux aussi de m'inquiéter et de me faire jouer le rôle de garde-malade par son imprudence... Mais voyons, c'est inavouable cela ! Mon fils, je l'aime profondément ;

je suis et veux être une bonne mère ! Cette jalousie est inadmissible. »

Devant le caractère insupportable d'une telle constatation, le psychisme se débrouille pour trouver un soulagement, et Maryvonne va vite se recentrer dans sa peau de bonne mère. Pour ce faire, elle refoule sa jalousie, sa colère contre ce gamin qui étale devant ses yeux les signes de son enfance perdue, et elle se transforme en mère dévouée qui le soigne de manière exemplaire.

Mais ce mécanisme ne gomme pas l'affect indésirable qui s'est développé en elle ; et à la première occasion, elle risque de diriger cette énergie émotionnelle vers une autre cible : sa propre personne, transformant la frustration et la colère engendrées par l'accident de son fils en négativité contre elle-même et critiques à l'égard de ses comportements. Et le processus d'autoaccusation est enclenché.

Les défenses inconscientes

Le sentiment de culpabilité est intolérable. Il atteint l'image que nous avons de nous-mêmes et nous fait redouter des conséquences désagréables, voire désastreuses, et d'autant plus effrayantes qu'elles sont sans contours précis puisque générées par notre imagination. De ce fait, nous cherchons à évacuer ce poison mental, de manière inconsciente bien entendu. Notre dynamique psychique veut que, face à tout ressenti pénible, nous tentions de mettre en place des moyens pour éviter de nous laisser envahir. Les psychologues les désignent par le terme de « mécanismes de défense ». Ceux-ci ont pour but l'évitement de l'angoisse et la réduction des tensions internes. Ils sont automatiques et inconscients et ce n'est qu'au prix d'un effort d'introspection, d'un travail interne d'analyse que nous pouvons les rendre conscients.

Parmi les procédés les plus courants qui nous protègent du ressenti de culpabilité, citons :

Le déni

Ou négation simple de ce qui pourrait nous perturber. Nous nous persuadons qu'il n'y a aucun problème. « Tout est pour le mieux dans le meilleur des mondes. Je n'ai pas de problème. » La force de l'affirmation signe le déni et souligne qu'il n'est même pas question d'envisager la difficulté.

La mère ne voit tout simplement pas les otites à répétition, la turbulence de son enfant, sa timidité, ou bien elle en méconnaît la signification. Pour elle c'est normal, c'est comme ça.

Elle peut aussi en reconnaître la signification mais nier la possibilité de faire quoi que ce soit : « Il n'y a rien à faire », voire sa propre capacité à intervenir : « Je n'y peux rien. »

L'accusation

Ou projection sur l'autre du sentiment d'être coupable. « Tout est de la faute de l'autre ou des autres. Moi je suis bien. Je n'ai rien à me reprocher. »

« La maîtresse m'a appelée pour se plaindre de mon fils qui est constamment distrait en classe. C'est à cause de son caractère autoritaire. Elle s'y prend mal avec les enfants. D'ailleurs avec moi mon fils est attentif. Quand par hasard je le fais travailler ça se passe très bien. Vivement qu'il change d'enseignant ! »

L'accusation est une technique très utilisée par les hommes : « C'est de ta faute, tu lui passes tout... tu n'es jamais à la maison... » Il n'est pas facile de ne pas se culpabiliser face à ces reproches.

Le déplacement

Lorsqu'une émotion est impossible à reconnaître, elle peut être déplacée sur un autre objet ou une autre personne. Prenons l'exemple d'une mère qui se sent malheureuse de laisser son enfant et s'accuse d'aller travailler, alors qu'au fond d'elle-même, c'est la désobéissance à sa propre mère qui la culpabilise. Mais quand on est adulte, peut-on s'avouer qu'on réagit comme quand on était petite ?

La justification

On justifie son comportement par la caution d'un tiers, ou une rationalisation personnelle.

« J'ai fait comme ça parce que j'ai cru que..., on m'avait dit que... J'avais pensé que... et puis "c'est pour son bien". »

« Le pédiatre m'a dit qu'il n'y aurait aucun problème si mon bébé était mis très tôt à la crèche, alors j'ai suivi son conseil. J'ai une entière confiance en lui. Je ne comprends pas pourquoi les choses sont si difficiles. Il m'avait pourtant affirmé que tout irait bien et qu'il n'y avait pas lieu de m'inquiéter. »

Le refoulement

Lorsqu'une pensée ou une représentation est insupportable à la conscience, elle est refoulée dans l'inconscient. Elle ne reviendra dans le conscient que par bribes, dans les rêves ou fantasmes. « Je me sens trop malheureuse à l'idée d'avoir mal fait, alors je retire cela au plus vite de ma pensée ; je l'évacue ; je l'oublie. »

Il n'y a pas d'exemple dans ce cas puisque cela ne fait plus partie du contenu de la conscience. (Plus tard l'enfant, en évoquant ses difficultés, tentera peut-être de réveiller cette mémoire endormie.)

La transformation de la perception

L'interprétation de la situation, ou « redéfinition » : consiste à modifier (sans le vouloir consciemment) certaines données de la situation pour se « blanchir ». Par exemple : « Mon bébé n'est pas mis en garde *puisque* je le confie à sa grand-mère, il est privilégié, et puis tous les enfants pleurent quand on les laisse. »

La banalisation, comme l'exagération ou la minimisation, sont des formes de redéfinition. On diminue ainsi la signification ou la portée d'un problème ou d'un comportement, en l'excusant ou en niant ses conséquences : « Il a reçu une gifle... Et alors ! y a pas de quoi en faire un drame !... cela n'empêchera pas la terre de tourner... »

« Mon fils vomit ses soupes... tous les enfants font ça un jour ou l'autre ! »

Les redéfinitions usent du « conformisme » ambiant pour se dire « tout le monde fait comme ça », « ça n'a jamais fait de mal à personne »...

La recherche d'absolution auprès d'autrui

Il suffit de raconter les choses de manière à recueillir des commentaires « positifs », c'est-à-dire allant dans le sens de ce que l'on a envie d'entendre : si les autres trouvent que j'ai bien agi, alors cela doit être vrai et je peux cesser de me faire des reproches au moins pour un court instant.

Exemple : Mon petit garçon de 3 ans fait des colères quand je le quitte et il me dit qu'il veut que je reste avec lui.

J'en parle à ma meilleure amie et lui raconte que pour éviter ces scènes pénibles, je m'arrange pour qu'il ne me voit pas partir. « Tu comprends, j'attends qu'il soit pris par son jeu, alors il ne s'aperçoit pas que je suis partie et après il n'y pense plus. Et toi, qu'est-ce que tu ferais dans cette situation ? Tu me comprends, n'est-ce pas ? Je ne veux pas qu'il souffre trop du fait que je travaille, et je veux lui éviter la frustration de ces départs douloureux. »

La rumination mentale

Analyser la situation sous tous ses aspects. Je filtre les reproches que je peux me faire ou ne pas me faire, espérant arriver à une vue « objective » des faits. Malheureusement, c'est toujours à recommencer puisqu'il n'y a pas de balance efficace pour ce pesage psychique. Et les auto-accusations s'enchaînent les unes aux autres sans fin.

Exemple : Mon fils adolescent est actuellement en échec scolaire et je ne cesse d'y penser. Je me dis « si je l'avais davantage aidé dans son travail il aurait pu suivre plus facilement en classe » (premier tour de manège !)... « Et si je m'étais montrée plus sévère, il n'en serait pas là aujourd'hui » (deuxième tour de manège)... « Mais aussi quand je lui fais la morale, il semble exaspéré, et peut-être qu'il travaille mal par réaction », et si... si... si... (les tours de manège se succèdent sans relâche).

La compulsion de réparation

Multiplier les interventions, verbales et/ou non verbales pour tenter de compenser les manques, « réparer » la ou les « fautes » commises.

La mère rentre tard de son travail ; son petit de 2 ans ne l'a pas vue de la journée. Il fait caprice sur caprice mais elle ne parvient pas à lui imposer des limites : « Il souffre déjà tellement de mon absence, je ne vais pas encore en plus me montrer sévère ; pour le peu de temps que je passe avec lui. »

Ces divers mécanismes de défense peuvent être cumulés, alternés, se déclinant à l'infini. Mais à long terme, ils sont tous inefficaces. En effet, les réelles racines du sentiment de culpabilité n'ayant pas été élucidées pour autant, elles restent assez vivaces pour déclencher un nouvel assaut à la moindre opportunité.

Les véritables déclencheurs

Pour exprimer notre trouble intérieur, nous mettons en avant toutes sortes de rationalisations. Elles en dissimulent les mobiles secrets. Le sentiment de culpabilité, non lié à un acte répréhensible, est directement issu de notre grenier psychique. Les déclencheurs du processus sont variés, et le plus souvent inconscients :

La désobéissance aux injonctions parentales

Comme le dit très justement le psychanalyste Erik Fromm :

« Dans notre culture, quand des individus se sentent coupables, le plus souvent en réalité, ils ont peur parce qu'ils ont désobéi. Ils ne sont pas vraiment troublés par un problème moral contrairement à ce qu'ils pensent mais par le fait d'avoir désobéi à un ordre. »

Si actuellement la pédagogie intègre l'écoute des besoins de l'enfant et vise à le guider en lui expliquant les choses, la plupart des mères ont, elles, été éduquées par la peur... peur de la sanction, peur de l'autorité... Elles ont donc intégré un certain nombre d'interdits, de conseils, d'« injonctions » auxquels il ne faut pas déroger sous peine de chagriner maman ou recevoir une punition (selon les familles).

Un automobiliste grille un feu ; il se fait siffler par un policier. La culpabilité l'assaille. D'avoir grillé le feu ? Non bien sûr, mais d'avoir été pris ! La peur du gendarme et la crainte du procès-verbal sont ici davantage à l'œuvre que le sentiment d'avoir manqué à son devoir de citoyen ou d'avoir fait courir un risque vital à autrui.

Voilà où mène l'éducation par la crainte. On peut faire tout ce qu'on veut tant que personne ne nous voit. C'est le regard de l'autre qui tient lieu de conscience morale.

Nous intériorisons ce regard ; notre gendarme intérieur reste le gardien des messages reçus de nos parents : « Tu n'as pas le droit de penser à toi », « tu dois te consacrer à la famille », « pense à tes enfants », « une femme suit son mari », « une femme qui travaille ne peut pas élever correctement ses petits », etc.

Les pulsions de rejet et l'évitement de la colère

Un bébé réduit la liberté de sa mère ; c'est un fait certain puisqu'il est complètement dépendant. Contre cette privation d'espace et cette écrasante responsabilité (surtout si elle l'assume seule), toute femme ressent de temps à autre de l'agressivité contre cet être qui la bloque et qui l'enferme. Si la colère peut être reconnue à côté de l'amour et n'altérant pas ce dernier, il n'y a pas de problème. Mais pour nombre de mères, cette agressivité est considérée comme anormale, inavouable, et s'oppose à leur tendresse. Effrayées de la ressentir, elles la répriment. Pour ne rien arranger, une fois refoulée dans l'inconscient, l'émotion indésirable cherchera à s'exprimer dans des rêves et des fantasmes plus ou moins acceptables. Il n'est pas rare qu'une mère se voit en rêve – diurne ou nocturne – en train de jeter son bébé par la fenêtre, de le négliger, le blesser, l'oublier...

Le sentiment de culpabilité naît alors du retournement contre soi de la colère inexprimable contre l'autre, en l'occurrence contre l'enfant qui enferme ou ne correspond pas à l'image idéalisée, ou colère contre sa propre mère, son propre père, la société, contre l'homme aussi quand il n'assume pas sa part.

Un enfant souffrant ou handicapé est particulièrement à même de déclencher ce type de réaction. Le parent est doublement frustré et blessé quand son enfant présente une difficulté, physique ou psychologique. Mais comment exprimer, ou même oser ressentir de la colère contre un être si démuni et qui souffre déjà tant ?

Toute perte, tout deuil, toute séparation

Une perte signifiante déclenche un mélange de réactions émotionnelles. De façon plus ou moins confuse le dommage subi est ressenti comme étant quelque part de notre faute.

En fait, cette forme de culpabilité généralement injustifiée, est encore un effet du retournement vers soi de la colère. Il est naturel en effet d'éprouver un certain ressentiment contre celui ou celle qui nous fait vivre une perte et si nous n'arrivons pas à orienter l'émotion contre lui, nous nous accusons nous-mêmes.

De plus, par le même mécanisme en miroir, nous pouvons redouter le mécontentement de l'autre. Ainsi, une mère lorsqu'elle se sépare de son enfant peut craindre des représailles : « il ne va plus m'aimer, il va préférer sa nourrice »...

Tout sentiment d'injustice

La réponse saine à l'injustice est la révolte. Mais cette émotion est bien difficile à faire entendre quand on n'est pas tout à fait sûr de son bon droit. Les femmes n'osent pas exprimer leur ressentiment devant le fait que c'est à elles seules que se pose le problème de rester à la maison ou de travailler, elles et pas le père. Ce sentiment n'étant pas toléré socialement, elles n'en parlent pas. Il est notable que la culpabilité se manifeste peu chez les femmes dont le conjoint reste à la maison ou choisit de prendre un mi-temps pour les seconder. Il y a de plus en plus de femmes qui gagnent davantage que leur compagnon et/ou qui ont des métiers qui les passionnent. Mais les hommes osant demander un congé parental restent l'exception. Si seulement la chose pouvait être discutée sans *a priori*, chacun y trouverait son profit. Les pères se sentant plus concernés libéreraient les mères de leur vécu d'injustice. Au-delà de la période d'allaitement, la garde des enfants par la femme n'est pas le reflet d'une loi naturelle ; c'est une habitude culturelle, répandue certes, mais ne correspondant plus à la réalité sociale actuelle. Le partage éducatif constitue la référence de l'avenir.

L'évitement de la dépression

Aucune femme ne se réalise totalement en babillant tout le jour avec son bébé. Nombre de mères au foyer éprouvent ce qu'un homme ressent lui aussi quand il est coupé de toute vie sociale extérieure. Cette existence centrée autour d'un petit être dépendant qui n'est que sensations et émotions remue tellement de choses en soi ! Et demande tant d'attention ! Et laisse si peu d'espace et de temps pour s'occuper de soi ! La dépression des jeunes mères n'est pas rare. Elle est souvent dissimulée, se déroule à bas bruit et s'auto-alimente dans un climat de culpabilité. Peut-on s'avouer qu'on s'ennuie avec son bébé ? Ou bien que l'on préfère remplir des dossiers plutôt que de faire la lessive pour cette merveilleuse créature issue de sa chair ? Impossible ! Alors la pauvre mère camoufle sa frustration et sa tristesse de constater que le bébé ne lui suffit pas ; elle tente de surcompenser ce sentiment de manque en s'occupant toujours davantage de lui. Elle se culpabilise de tout et de rien plutôt que de sentir cette insatisfaction profonde.

Les manipulations affectives

Animés de motivations variées, le conjoint, la famille, les amis, jouent volontiers les conseilleurs et les redresseurs de torts, distribuant *larga manu* reproches directs ou indirects, exhortations et mises en garde.

« C'est de ta faute si les enfants travaillent mal, tu n'es jamais là », « tu crois qu'on a vraiment besoin de cet argent supplémentaire ? », « mes chemises ne sont jamais repassées »... disent les hommes... pour laisser faire à leur femmes ce qu'ils ne veulent pas faire eux-mêmes.

« Si tu n'es pas là le soir quand les enfants rentrent, ils peuvent faire toutes sortes de bêtises » ; « Tu négliges ton mari » ; « C'est triste de voir un enfant tout seul devant son goûter » ; « Quand les mères travaillent, les enfants se droguent » ; « As-tu remarqué que depuis qu'elle est à la crèche, ta fille est pâlotte ? » ; « Avec moi, il mange bien »... insinuent les familles.

« Moi, je serais toi, je prendrais au moins un mi-temps », « tu ne peux pas trouver une autre solution ? », « ton compagnon ne gagne pas suffisamment pour que tu t'arrêtes ? »... disent les amis.

Le sentiment d'infériorité

Les plus forts, pour maintenir leur pouvoir sur les plus faibles, ont toujours cherché à les convaincre de leur statut d'infériorité. En général, avec succès. Il est bien connu que les victimes se culpabilisent facilement. C'est le syndrome de la soumission. Si nous avons été habitués depuis tout petits au devoir d'obéissance, nous ne remettons pas facilement en cause ceux qui exercent sur nous une domination. Or, à la majorité des femmes, l'homme a été présenté, culturellement et familialement comme représentant la puissance et l'autorité.

Les femmes, quasi universellement réprimées, vivent une culpabilité collective.

Le conflit avec l'image idéale de soi

Chacun de nous possède un idéal, une éthique de vie. Mais la réalité de nos comportements n'est pas toujours conforme à cette ambition. Un sentiment de culpabilité peut émerger de ce décalage entre l'image qu'on se fait de soi et le constat du réel. Irène désirait depuis longtemps des enfants, sa représentation de la grossesse était très idéalisée. Enceinte, elle s'est découverte nauséeuse, fatiguée et d'humeur instable. Sachant que l'embryon ressentait ses affects, elle avait peur de ne pas être la bonne mère qu'elle avait projeté d'être. Quelle désillusion !

Tous ces facteurs favorisent l'émergence de la culpabilité. Certes, on ne peut échapper au questionnement « est-ce que je fais bien ou mal ? ». Mais ces questions doivent inciter à la réflexion, à une évaluation objective de la situation pour amener à une prise de position claire et non à une rumination mentale. Le sentiment de culpabilité maintient au contraire un doute permanent et entretient le vécu négatif de la situation.

Pourquoi est-il si facile et si fréquent de s'y laisser engluer ?

Les bénéfices

Si j'avais su, j'aurais... j'aurais pas... si j'avais pu faire autrement... si... si seulement... si... et tourne tourne, le petit vélo noir de la culpabilité. C'est ma faute, ma seule faute, ma très grande faute. Je suis seule responsable de tout le mal qui arrive à l'autre... Mais c'est donc que j'ai du pouvoir, de l'importance, puisqu'à cause de moi, tant de choses peuvent arriver. Cela veut dire que le monde ne tourne pas sans moi, c'est moi qui le fait tourner.

Et puis je suis confortée dans le fait que j'aime vraiment l'autre. Si je ne me sens pas coupable, c'est que je ne m'intéresse pas suffisamment à l'autre, que je me désolidarise de lui, ou que je l'abandonne à son sort. Bref, c'est que je ne l'aime pas ou pas assez et que je ne suis qu'une égoïste... Ce qu'on me reproche d'ailleurs depuis que je suis toute petite.

Le problème, c'est l'engrenage. Les enfants se conforment avec une précision hallucinante aux attentes conscientes mais surtout inconscientes de leur mère. Les pleurs d'un bébé lors de la séparation font mal à la maman, mais aussi satisfont son désir secret : ils sont la preuve de son importance, de l'amour qu'il lui porte, du besoin qu'il a d'elle. L'insécurité profonde peut mener une mère à manipuler les sentiments de son enfant. Elle l'attache à elle par sa culpabilité. Par ce sentiment, elle se sent seule responsable de son enfant et de son bien-être, ce qui lui confère de l'importance.

Son regard inquiet exprimant : « va-t-il pleurer parce que je le laisse ? » est assez puissant pour déclencher immédiatement un torrent de pleurs. Avec la difficulté supplémentaire que l'enfant, réagissant automatiquement au désir secret de sa mère, ne sait pas trop bien pourquoi il pleure. Toute tentative de consolation est vouée à l'échec tant que la mère n'est pas elle-même rassurée.

Les femmes souvent dévalorisées dans leur vie professionnelle, ou par leur mari dans leur vie conjugale, sont avides de cette revalorisation que leur offre l'attachement de l'enfant.

Situations particulières et culpabilisantes

Lorsque la famille vit une situation atypique, séparation, monoparentage, maladie ou handicap, le sentiment de culpabilité est majoré. La particularité qui distingue de la norme sert d'élément renforçant.

Une mère divorcée peut se reprocher son choix, pensant que si elle ne s'était pas séparée, elle aurait eu davantage de temps pour s'occuper de ses enfants. Dès que survient le moindre problème scolaire ou de comportement, elle aura tendance à invoquer son travail bien sûr, mais surtout son divorce. Tout ce qui va mal lui semble de son fait ; elle prend sur elle toute la responsabilité de la situation excluant celle du père.

Quelle que soit la raison de sa solitude, une mère célibataire, veuve ou divorcée s'accuse facilement non seulement de sa non-disponibilité mais aussi et surtout de ne pas fournir de père à son enfant.

Dans la situation de maladie ou de handicap, la culpabilité d'avoir mis au monde un enfant blessé ou incomplet, si elle n'est pas reconnue et évacuée, peut infiltrer de négativité la relation avec l'enfant et avec l'autre parent.

Exercices :

- ***Pensez à trois situations éveillant votre sentiment de culpabilité... et analysez-les à la lumière des éléments que vous venez de trouver dans ce chapitre.***

- ***Pensez aux pleurs de votre enfant, aux commentaires des puéricultrices, de la maîtresse, d'autres personnes, aux petites maladies, ou symptômes divers de l'enfant..., à ses attitudes et ses comportements...***

- ***Qu'est-ce qui vous aiderait à vous tranquilliser ?***

5.

Une mère « suffisamment bonne »

Il n'existe pas de stratégie éducative universelle. Un enfant est un être en développement ; ses besoins sont changeants. Ce qui est lié à la survie physique constitue une nécessité première, c'est l'évidence, mais où placer les limites de la satisfaction de ses demandes ?

Comment être mère ?

L'enfant n'a pas besoin d'une mère parfaite mais « suffisamment bonne », selon l'expression du psychanalyste D. Winnicott, c'est-à-dire une mère qui n'en fasse ni trop, ni trop peu, dosant convenablement gratifications et frustrations. Ces dernières sont non seulement inévitables mais structurantes car permettant au bébé de se confronter à la réalité et d'élaborer sa personnalité. Répondre de façon systématique à la moindre demande, en allant même au-devant des besoins, entrave la conquête progressive de l'autonomie. En revanche, des frustrations trop fréquentes ou trop intenses, ne permettant pas au petit de vivre ces expériences de façon constructive, sont également nocives.

La mère « suffisamment bonne » évalue où en est son enfant, identifie son besoin du moment et ajuste ses réponses en permanence. Elle est sensible à ce qu'il peut ressentir, comprend ses cris et mimiques et sait se mettre à sa place sans y mêler le vécu de sa propre enfance.

Aucune personne extérieure, aucun livre ne pourra nous dire ce dont notre bébé a besoin en cet instant précis où il pleure... Un enfant grandit de jour en jour, et est chaque fois un peu différent. Combien de temps peut-il attendre son repas ? Rester seul dans sa chambre ? Les réponses évoluent sans cesse. Quand le petit garçon ou la petite fille devient plus grand(e), ce sont les éternels dilemmes : permettre ? donner ? câliner ? gronder ? intervenir ? et quand ? comment ? Les questions sont multiples. C'est si compliqué... Et pourtant si simple ! Une femme spontanément confiante dans sa compétence maternelle accompagne son enfant sans trop se préoccuper de ce qu'il « faut faire ». Mais la sérénité ne s'acquiert pas dans les livres et la volonté ne suffit pas pour contrôler nos angoisses ou nos énervements. Si nous avons eu la chance d'avoir reçu un maternage positif de la part de notre propre mère ce sera plus simple. Sinon, ce seront hésitations constantes par crainte d'être incompétente, de « mal élever » Aurélien, de « traumatiser » Stéphanie, etc. Et toujours à l'arrière-plan la peur sera là, de ne pas savoir faire, de se tromper...

Les parents actuels manquent de repères. Ils ont fort heureusement lâché les fallacieuses règles d'antan mais ils n'ont pas encore développé une confiance suffisante en leurs sensations et intuitions. Certes, un certain questionnement est salutaire. Les parents qui refusent de s'interroger et qui règlent les problèmes par un « c'est comme ça » définitif, s'exposent à de graves déconvenues lorsque l'adolescence poindra... à moins qu'ils n'aient partiellement détruit la personnalité de leur enfant de telle façon que celui-ci n'ose pas penser par lui-même.

Les questions saines conduisent à une prise de conscience et à une amélioration de la situation. Celles qui nous maintiennent en état de doute sont inutiles voire malsaines. Elles nous rendent dépendants d'autorités extérieures (parents, éducateurs, psy, pédiatres, etc.) et tournent en rond dans nos têtes parfois des années durant.

Une mère « suffisamment bonne » s'interroge elle-même, observe son enfant et écoute ses réactions, s'informe auprès d'experts et surtout d'expertes sans toutefois leur faire une confiance aveugle, car le savoir livresque ne remplace pas l'expérience. Si les théories peuvent s'appliquer à un bébé vu dix minutes dans un cabinet médical, elles ne sont pas forcément adaptées à la réalité du quotidien.

Elle s'autorise à faire des erreurs, à tâtonner parfois ; bref, elle ne se culpabilise pas à la moindre difficulté parce qu'elle peut tolérer de ne pas être parfaite en permanence. Elle admet ses limites ; on ne peut pas posséder toutes les connaissances, on ne peut toujours tout donner, on ne peut pas être totalement disponible.

Projections et résurgences de sa propre enfance

Face aux demandes de l'enfant, on trouve classiquement deux types de réactions :

- *moi je ne l'ai pas eu, alors je le lui donne,*
- *il n'y a pas de raison pour qu'il ait ce que je n'ai pas eu.*

Ce sont en fait les faces d'une même médaille : le parent réagit en fonction de lui-même et non des besoins de l'enfant.

Après le bureau, Caroline se rue vers l'école pour ne pas faire attendre sa fille. Elle met un point d'honneur à toujours être là au moins cinq minutes avant la sortie des classes. Puis elles courent toutes les deux chercher le petit frère à la garderie. Le mercredi, Caroline se précipite à la maison pour faire manger ses enfants en moins d'une heure. Stressée en permanence, elle est peu disponible pour les écouter ; il faut être à l'heure... Ses parents, eux, ne se préoccupaient pas d'elle. Ils n'ont jamais couru pour elle. Elle ne voudrait surtout pas faire vivre à Julie et Bastien ce qu'elle a connu. Mais le contexte est bien différent. Autant Julie que Bastien savent que leur mère les aime et ne les abandonnera pas. Ce que ne savait pas la petite Caroline.

Ils pourraient tolérer quelques minutes d'attente, et préféreraient sans doute une mère plus calme et joyeuse.

Tenter de compenser par notre comportement parental ce qui nous a manqué étant petit est voué à l'échec. D'une part l'enfant que nous avons été n'en recevra pas réparation ; d'autre part, ceux qui grandissent avec nous ne sont pas dans la même situation et n'ont pas les mêmes besoins.

Tant que les carences et les blessures de notre propre enfance ne sont pas guéries, les projections sont inévitables. N'être ni dans la soumission à sa propre éducation, ni dans la rébellion, et pouvoir se mettre à l'écoute de cet être neuf n'est pas si simple. L'enfant réveille immanquablement toutes sortes d'affects que nous aurions bien voulu faire taire. Notre propre enfance se re-déroule sous nos yeux, et la raison ne peut pas grand chose contre l'inconscient. Quel parent n'a pas été un jour exaspéré jusqu'à frapper son chéri adoré, même s'il avait décidé de ne jamais recourir au châtiment corporel ? Lequel n'a pas été indisposé par les cris de son bébé ? Lequel ne se sent pas atteint devant l'enfant en colère ? Ou en sanglots ?

La violence est une réaction d'impuissance. Lorsque ce bonhomme de 4 ans en face de nous fait une « comédie », notre détresse de petit devant nos propres parents est réactualisée. C'est trop intolérable. Et nous « sortons de nos gonds » pour ne pas sentir, pour ne pas revivre notre dépendance d'enfant.

Les femmes stressées par la double vie familiale et professionnelle sont particulièrement vulnérables à la sensation d'impuissance. Elles font déjà tellement, et c'est déjà si difficile, que la purée par terre, ou l'inondation de la salle de bains, non là, c'est trop. Le vase déborde plus vite quand il est toujours plein. La plupart des parents d'aujourd'hui réalisent bien que cette violence vient d'ailleurs et se sentent coupables de taper. Cette culpabilité saine les pousse alors à s'excuser auprès de leur enfant, lui expliquant ce qui s'est passé en eux.

Guérir sa propre enfance est donc une priorité pour être attentif à la réalité de son fils ou de sa fille, ne pas risquer des interprétations abusives de ses comportements, laisser le champ libre à ses désirs et accompagner sa croissance à son rythme.

La confusion entre besoins et désirs

Beaucoup de parents veulent, à juste titre, que leurs enfants ne manquent de rien. Mais il est facile de se laisser entraîner dans les méandres de la culpabilité quand la différence n'est pas claire entre besoin et désir. S'il est fondamental que les besoins soient satisfaits, il n'est pas indispensable, et il est même parfois nocif, que tous les désirs soient comblés.

Quels repères avons-nous pour les distinguer les uns des autres ? Les besoins se rapportent à la survie, à la santé du corps et du psychisme ; ils sont vitaux, précis et limités. Ils nécessitent d'être satisfaits et ne sauraient être négligés sans dommage pour le développement harmonieux de l'individu.

Les désirs, eux, se rapportent à l'imaginaire ; ils ne

sont pas vitaux mais par contre ils sont illimités. « Ils peuvent se parler et se satisfaire de façon imaginative » explique Françoise Dolto. Un enfant a envie de conduire une auto. Il ne peut pas le faire dans la réalité mais il peut jouer à « faire semblant », se voir en train de tenir le volant d'une Ferrari, mimant les gestes, imitant les bruits, etc. Et ce jeu peut lui procurer une intense satisfaction qui peut-être épuisera pour un certain temps son envie de conduire.

Une source de complication réside dans le fait que les désirs s'étayent sur des besoins, c'est-à-dire qu'ils prennent appui sur ceux-ci ; un besoin peut donc se cacher derrière un désir. Beaucoup de parents sont tentés de répondre à toutes les demandes pour être sûrs de ne pas méconnaître quelque réelle nécessité.

On veut aussi pouvoir tout offrir à ses enfants, pour des motifs variés : ne pas avoir le spectacle attristant de leur déception, ne pas avoir à supporter les comparaisons désobligeantes avec les autres parents, se sentir important, voire tout-puissant aux yeux de son fils ou de sa fille. Enfin, quand on est adulte, on ne se donne plus la permission d'exploser de joie... Voir son enfant éclater de rire, s'émerveiller, montrer du bonheur, c'est une façon de récupérer un peu de tout cela.

Dire non à son gamin est pénible, frustrant ; s'il demande qu'on lui achète quelque chose d'onéreux, il est dur de devoir répondre : « je ne peux pas ; je n'ai pas assez d'argent ». Pour pouvoir offrir ce superflu à leurs petits, beaucoup travaillent davantage. Les diables sont certes contents d'être « gâtés » (ce mot comporte d'ailleurs un sous-entendu d'excès) mais si ces cadeaux viennent en échange de temps de présence et d'attention, ils n'ont pas le même goût !

Acheter une console de jeux électronique ou financer l'anorak bleu est plus reposant pour papa que de faire une partie de petits chevaux avec Laurent. D'ailleurs, il ne sait peut-être pas jouer aux petits chevaux, et puis il s'ennuie avec son fils. Il faut dire que son propre père n'a jamais vraiment pris du temps avec lui. Alors partager ce plaisir avec Laurent lui rappellerait qu'il n'a pas eu ce contact. Cela le rendrait triste et remettrait même en question son éducation ! Il se dit aussi que les femmes ont plus de compétences pour distraire les enfants, qu'elles savent mieux « les occuper ».

En réalité, les mères ne jouent pas beaucoup plus. Parce qu'elles ne savent pas, parce qu'elles aussi ont été privées de moments de loisir partagés avec leurs parents. Nombre d'entre elles passent davantage de temps au ménage car « il y a tant à faire dans une maison ». Quand on rentre du bureau « ce n'est pas le moment de jouer ». Quand on arrive en courant à 18 ou 19 heures, il faut préparer le bain, le dîner ; quand les enfants sont couchés il reste la lessive et le repassage, c'est le stress permanent. Pas le temps, pas la disponibilité pour s'amuser !

Les enfants ont pourtant une grande soif d'intimité et d'activités ludiques. Les objets satisfont leurs *désirs*, mais ils ont *besoin* d'apprendre à aimer la vie, de rire et de partager du plaisir avec les parents. Ils n'ont pas *besoin* de la console de jeux dernier cri, ni d'avoir autant ou plus que leurs copains. Baskets, ordinateurs, jeux électroniques, bottes, blousons... ne sont pas des nécessités vitales.

La plupart des adultes sont trop sérieux. Au lieu de se culpabiliser de ne pas offrir à leur enfant tout ce qui est offrable, ils gagneraient beaucoup à apprendre à jouer et rire avec lui.

Même lorsque la demande explicite de l'enfant est celle d'un objet, d'un bien de consommation, une autre attente réside derrière, informulable. Vincent, 6 ans, voulait absolument un ordinateur. C'était, disait-il, la seule chose au monde qui pouvait le rendre heureux. Il était maussade, revendicatif en permanence, agressif envers sa mère. Et son discours était : « Je serai comme ça tant que je n'aurai pas mon ordinateur. »

Son père, marin, était très souvent absent. Il aimait beaucoup son fils et à chaque retour de voyage ne manquait pas de lui ramener un cadeau. En lui offrant quelque chose de beau et d'important, il espérait inconsciemment se faire pardonner son absence. Associé ainsi à chaque retour, le cadeau symbolisait le lien affectif.

Vincent n'osait pas dire à son père : « Tu me manques. » Ces mots-là ne pouvaient sortir de sa bouche parce qu'il ne voulait pas lui faire de peine. Il avait bien compris que son père devait travailler, qu'il l'aimait et se sentait malheureux de ses longues absences. Alors il disait : « Il me manque un ordinateur. » Le cadeau représentait l'objet transitionnel pour le père comme pour le fils. Seulement, après l'ordinateur, il réclamera un autre objet puis encore un autre, parce que le besoin réel est celui de s'exprimer. Vincent doit pouvoir pleurer sa solitude et manifester sa colère à son père sans que celui-ci ne s'en formalise ou ne se sente blessé, et sans que cela n'altère la relation.

Les parents coupables ont aussi tendance à faire un usage abusif de confiseries. Pour un petit, le sucre ne remplacera jamais sa mère. Rapporter des bonbons après chaque absence est nocif, car s'opère rapidement l'association entre sucre et réassurance... d'où les problèmes du futur adulte qui compensera un manque affectif par de la nourriture, de préférence sucrée.

Les supplications en vue d'obtenir le blouson Truc ou les baskets Machin, ne cachent pas forcément un manque de présence parentale. Encore une fois il s'agit de se mettre à l'écoute de l'enfant ; ce peut être un désir d'intégration au groupe de copains, ou... toutes sortes d'autres choses.

Une règle : avant d'accéder à une requête, en chercher les motivations de façon à identifier le vrai besoin.

Les mères surprotectrices

Pour grandir, les enfants n'ont pas besoin que d'amour, de tendresse et de chaleur mais aussi de liberté. L'anxiété des parents leur fait souvent majorer la sécurité et minorer l'exploration. De nombreuses femmes ont la croyance que pour protéger leur enfant, elles doivent contrôler tout ce qui le concerne, son environnement, ses copains, et même ses pensées et émotions. Elles sont malheureuses s'il est mécontent ou triste ; contentes seulement s'il est joyeux ; elles l'envahissent.

Lorsque le temps passé avec l'enfant est limité par les obligations professionnelles, les mères sont frustrées dans leur besoin de protection et de contrôle. Imaginant que leur absence met leur enfant en péril, elles multiplient les précautions autour de lui. Il serait plus judicieux de lui apprendre à assurer sa sécurité au fur et à mesure de ses moyens. Même les bébés sont beaucoup plus compétents et aptes à se débrouiller que la plupart des parents ne le pensent.

Ils ont autant besoin qu'on les laisse faire leurs expériences dans un contexte de sécurité suffisante : apprendre à tomber, à se relever, à régler un conflit avec un autre, à se dépatouiller seul pour manger... Cette forme de tolérance est bien difficile pour une mère qui se donne comme fonction d'éviter à son petit une frustration, un échec, une petite chute. Et s'il tombe, la douleur de l'enfant est-elle si grande ? La conquête de son espace est certainement bien plus importante pour lui que la déception ou la souffrance passagère. La joie de la performance la lui fera vite oublier.

Les mères qui travaillent ont volontiers le réflexe de faire à la place de l'enfant, parce que « ça va plus vite » (elles n'ont pas le temps d'être patientes !), et aussi un peu (beaucoup) pour compenser, pour réparer leur absence de la journée en multipliant les marques d'attention.

En voulant trop être de bonnes mères, en cherchant à se protéger de la culpabilité de ne pas être parfaites, par devoir ou par vertu, elles peuvent devenir alors paradoxalement « mauvaises ».

Les attitudes parentales exagérément protectrices émanent d'un manque de sécurité intérieure. Celui-ci est principalement issu du passé, de messages toxiques reçus dans l'enfance, et parfois d'un modèle de mère anxieuse. Une présence insuffisante du compagnon auprès de soi le renforce.

Comment être calme et détendue quand on a toujours connu une mère inquiète et nerveuse ?

Comment avoir confiance en soi et laisser de l'espace à ses enfants lorsque notre chère maman nous a abreuvé de : « ma pauvre chérie, tu es vraiment maladroite », « tu ne seras jamais capable d'élever tes enfants, j'espère que tu n'en auras jamais »...

Comment être souple et ouverte quand tout repose sur nos épaules ? Quand une femme sait que son mari prendra quelques heures sur son travail au moindre coup de fil de la crèche, qu'il passera chercher le bébé en sortant du bureau et qu'il va le nourrir et le soigner, bref qu'elle le perçoit attentif et responsable, elle peut se reposer sur quelqu'un. De plus la présence de son compagnon et les moments où le couple se retrouve lui apportent un espace de distanciation bien nécessaire par rapport à sa fonction de maternage. L'homme, et son désir pour elle, lui permettent de faire exister la femme en elle et non seulement la mère, voire la nourrice/femme de ménage.

La tendance à la surprotection n'est pas l'apanage des femmes qui ont une activité extérieure. Les mères au foyer peuvent être tout autant surprotectrices. Leur progéniture est le centre du monde. Elles n'investissent pas d'autre objet. Nous en reparlerons un peu plus loin.

Le cas particulier de l'enfant malade ou handicapé

Kevin est né avec une malformation à l'œil. Les premières semaines de son existence ont été marquées par de multiples opérations et de nombreuses séparations. « Tu m'as privée des plus beaux moments de la vie d'une mère » ressent Martine envers son fils, mais ça se passe tout au fond d'elle-même, dans une zone obscure où elle n'ose aller regarder.

Toute mère s'attend à un bébé parfait et, à condition bien sûr qu'elle ait désiré sa maternité, fantasme le plaisir à partager. La maladie et le handicap sont très durs à vivre. Ils confrontent à l'incapacité de remplir sa fonction protectrice de parent et confirment chaque jour une image négative de soi.

La double frustration de l'image de bonne mère et de ce bonheur anticipé, suscite bien naturellement en Martine une agressivité qu'elle ne peut ni extérioriser ni même oser ressentir. Comment peut-on en vouloir à un bébé qui souffre ? Une culpabilité intense l'oppresse. Kevin est déjà si malheureux, elle ne peut formuler à son égard quelque pensée négative que ce soit. Car dans son esprit, en vouloir à son enfant équivaudrait à ne pas l'aimer ; le simple fait d'oser reconnaître sa colère risquerait de peser sur l'enfant, lui faire mal, le tuer peut-être... Ces sentiments irrationnels empêchent Martine d'être simplement en contact avec sa réalité. Alors elle refoule, tente de compenser et se fait surprotectrice... Kevin grandissant reste très dépendant d'elle, dans une alternance de comportements soumis et agressifs. La relation est compliquée et comporte des moments douloureux.

Accepter de reconnaître ses affects, quels qu'ils soient, est une condition *sine qua non* d'une relation saine.

Dans certains cas, quand le poids de la culpabilité est trop lourd, chaque parent éprouve la tentation de la reporter sur l'autre. On en veut au partenaire, plus ou moins consciemment, de nous faire vivre cette situation terrible de n'avoir pas pu avoir un enfant « normal ». Il n'est pas facile de se dire ces choses-là. Le plus souvent on n'en parle pas pour ne « pas faire souffrir l'autre davantage ». Les émotions sont refoulées. La douleur, la frustration et la colère ne trouvant pas d'issue minent en profondeur la relation au petit malade mais aussi celle du couple. Plus le handicap est grave, plus les séparations des parents sont fréquentes et si l'enfant décède il n'est pas rare que la désunion survienne dans l'année qui suit. Le parent qui part ne fuit pas tant la responsabilité que ses émotions et peut-être les affects projetés de son conjoint.

Nous avons peur des sentiments hostiles ; nous craignons qu'ils annulent les positifs, comme si accepter de ressentir la frustration était un manque d'amour pour l'autre. Pourtant la simple expression des émotions négatives est libératoire. Leur refoulement par contre les rend destructives et altère les relations.

L'esprit de sacrifice et la dépendance

L'esprit de sacrifice, qui fut tant valorisé chez les mères, est toxique. Se sacrifier, c'est se mettre de côté au bénéfice exclusif de l'autre. Ceci ne peut manquer d'induire en soi frustration et rancune, sentiments qu'une « bonne mère » ne peut se permettre de ressentir.

Une femme qui se sacrifie pour sa progéniture en arrêtant de travailler, en mettant sa carrière entre parenthèses, niant ainsi une partie d'elle-même au profit de ses enfants, se rend dépendante de ceux-ci. Elle recherchera inconsciemment leur reconnaissance ; elle aura besoin d'eux pour donner un sens à son existence.

Toute situation de dépendance suscite obligatoirement de la colère puisque certains de nos besoins sont méconnus. Mais comment oser se permettre d'en vouloir à ses enfants d'exister alors que par ailleurs on les a désirés ? Une bonne mère est censée aimer « inconditionnellement » ; a-t-elle le droit d'être en colère contre ses petits chéris pour quelque chose qui ne leur appartient pas ? Il lui semble impératif de gommer cette agressivité, de l'annuler par tous les moyens.

Cependant une émotion est une énergie ; elle ne peut s'effacer. Si elle n'est pas reconnue et exprimée directement, elle se mue en tensions musculaires, nervosité, ou utilise des voies d'expression indirectes, se transforme en tristesse par exemple, ou en peur. Le tempérament angoissé de certaines mères trouve son origine dans ce processus : le ressentiment contre la présence de l'enfant, obstacle aux réalisations personnelles, est nié, annulé par des marques incessantes d'amour et de dévouement. La peur confuse devant la résurgence de ces sentiments tellement inacceptables conduit à tout faire pour conjurer une « punition méritée » qui pourrait à tout moment tomber sur les enfants, ce qu'on a de plus cher, et en même temps objets initiaux de la frustration.

L'agressivité refoulée se manifeste aussi indirectement par des actes manqués comme par exemple : donner un biberon trop chaud, oublier le petit à la sortie de l'école, le perdre dans un magasin, renverser le bol de chocolat, etc.

On la retrouve dans les rêves : images évoquant la mort de l'enfant, abandon, perte, couteaux, fantasmes d'accident, de sang, de feu...

Sarah n'arrime pas aussi solidement que d'habitude le couffin sur la banquette arrière de la voiture. Elle est pressée. Sur la route, une seconde d'inattention, une voiture pile devant elle, elle freine. Le couffin verse et le nourrisson tombe entre la banquette et le siège avant. La culpabilité de Sarah est intense... D'autant que l'accident se surajoute à des rêves dont elle n'a jamais osé parler à personne. Elle éprouve un sentiment de rejet contre son fils de quelques semaines et s'en veut terriblement car elle aime profondément son bébé. Depuis sa naissance, elle se vit comme enfermée dans une situation bloquée. Et l'enfant fait partie du blocage. Enceinte d'un homme qu'elle croyait aimer, elle s'est mariée par sécurité, pour se rassurer sur son statut de femme, sur sa capacité à fonder une famille. Au fond d'elle-même, elle savait qu'elle était à la poursuite d'une image mais avait préféré fermer les yeux.

Dans son esprit, la venue au monde de ce petit devait résoudre tous les problèmes : « Quand le bébé sera là, mon mari changera. » Hélas la naissance n'a fait qu'aggraver les difficultés tant financières que relationnelles. Sarah doit abandonner son rêve de mère sereine comblée par un homme aimant, heureuse dans un foyer chaleureux. Le deuil n'est pas facile. Elle en veut à son conjoint, elle s'en veut et elle en veut à son fils, d'autant que celui-ci pleure souvent... On le comprend. Sarah s'est mariée et a fait cet enfant pour fuir ses responsabilités sociales, pour éviter de se confronter au problème de son orientation professionnelle. Non qu'elle ne soit pas compétente, bien au contraire, mais par manque de confiance en elle. Elle ne supporterait pas de ne pas réussir aussi bien que le lui dicte l'image idéale qu'elle se fait d'elle. Elle n'ose donc mettre ses capacités à l'épreuve. Oscillant entre une figure survalorisée « je sais que je suis géniale » et une totale dévalorisation « je suis franchement nulle », il lui était impossible d'intégrer les contraires et d'assumer sa vérité : « Je suis une femme comme les autres, avec des qualités, des compétences et des zones d'incompétence. » La naissance de son fils lui a permis de fuir, mais elle est obligée de faire face aujourd'hui. Toutefois, si elle échoue, elle aura toujours l'excuse de son enfant : « Comment voulez-vous que j'y arrive avec un bébé sur les bras ? D'autant qu'il est si difficile ! »

Elle sait aujourd'hui que la solution est de se remettre à travailler, mais elle se sent coupable à l'idée de laisser son fils !

Dépendance et sacrifice sont intimement liés, sans que l'on sache lequel de la poule et de l'œuf... Ce sont des obstacles sur le chemin de la mère « suffisamment bonne ».

Pour les enfants, ce sacrifice est pesant à long terme. Il les ligote par le devoir de gratitude. Quand votre mère vous consacre sa vie, vous en venez facilement à penser que vous devez à votre tour lui dédier la vôtre. Mais devoir et obligations entravent l'amour, et donc l'authentique gratitude... Plus tard, coupables à leur heure, les enfants se sacrifieront... pour leurs parents. Ils resteront dépendants, se sentiront obligés de prendre en charge ceux qui auront « tant fait pour eux », sacrifiant ainsi leur propre vie affective mais aussi et surtout celle de leur descendance.

Être heureuse

Le premier devoir de tout parent est d'être heureux. L'expérience autant que la psychologie nous ont appris que la capacité d'un être à connaître l'épanouissement dépend pour une grande part du degré de bonheur observé chez ses parents. Une mère qui n'est pas heureuse culpabilise du même coup son enfant. Un petit, jusqu'à sept ans environ, analyse toute chose à partir de sa perspective égocentrique. Étant dans l'impossibilité de se représenter les multiples hypothèses expliquant l'état de sa mère, il se sent forcément la cause de tout. Il se dit plus ou moins consciemment que s'il n'était pas là, il ne dérangerait pas maman, elle serait donc libre. Il peut développer des mécanismes de protection tels que se faire petit, tenter de se faire oublier, ne pas exister, essayer au maximum de se prendre en charge seul pour ne pas peser sur elle... Ou bien au contraire il deviendra excessivement dépendant, pleurant dès que sa maman le lâche, renonçant à ses propres besoins d'exploration pour la rassurer par ses pleurs et ses demandes, lui manifestant par l'intermédiaire de ses larmes à quel point elle est importante pour lui. Un autre réagira en se faisant agressif, tentant d'expulser au-dehors ces tensions qui l'angoissent, cherchant à mettre à distance cette mère qui le rend mal à l'aise.

Ces différentes stratégies de défense ont pour conséquences logiques de culpabiliser encore davantage la mère, qui, s'angoissant de plus en plus, renforce autoritarisme ou surprotection, ce qui stresse l'enfant. Le sentiment de culpabilité enchaîne la relation dans un cercle sans fin.

Une mère suffisamment bonne est une femme heureuse ; il ne s'agit pas qu'elle arbore un perpétuel sourire mais qu'elle aime authentiquement la vie, qu'elle sache être en contact avec elle-même et avec les autres et se respecter.

Pour grandir dans la joie, un enfant a besoin de voir ses parents heureux. Il sera motivé pour participer aux tâches quotidiennes, mettre le couvert par exemple s'il a vu sa mère et son père le faire eux aussi avec plaisir. Pour avoir envie de devenir plus tard un adulte, et aujourd'hui de travailler à l'école, il lui est bon de savoir que papa et maman aiment aller à leur travail et se réalisent professionnellement.

« Nos anciennes idées sur la fonction parentale impliquaient une responsabilité totale du bien-être de nos enfants conformément à des types de comportement bien définis... Avoir confiance en soi amène peut-être à violer certaines règles classiques des "bons parents", mais l'énergie vibrante s'écoulant à travers soi, le sentiment de satisfaction croissant, la confiance en soi et en l'univers, aide mille fois plus les enfants que toute autre chose. Quand j'ai confiance en moi, quand je suis moi-même, ceux que j'aime en bénéficient. » *Shakti Gawain*

Yves Roumajon, psychiatre d'adolescents, dit dans un de ses écrits : « La seule armature véritable qui ait une influence importante sur les enfants, c'est la solidité intérieure de ceux qui les élèvent. »

Ajoutons parce que cela en découle : c'est aussi le bonheur de vivre de ceux qui les élèvent.

Exercices :

- ***Comment avez-vous tendance à vous « faire pardonner » vos absences ?***

- ***Qu'est-ce qui vous énerve particulièrement dans le comportement ou les attitudes de votre enfant ?***

- ***Quelles sont les émotions que vous avez le plus de mal à exprimer ? Comment se débrouille votre enfant sur ce plan ?***

- ***Dans quels domaines avez-vous tendance à être surprotectrice ?***

6.

La place des pères

« Plus les mères pèsent sur leurs fils, plus ceux-ci redoutent les femmes, les fuient ou les oppriment. Mais plutôt que d'accuser les mères "castratrices" d'engendrer des fils sexistes, il est temps de mettre un terme au maternage exclusif de la mère pour briser le cercle vicieux. »

Élisabeth BADINTER.

L'accompagnement d'un enfant est une aventure, une initiation à un autre monde. Les pères en sont encore partiellement exclus, surtout au premier âge, mais ils ont leur place à prendre. En est témoin cet homme qui a fait le choix de rester à la maison pour élever son troisième :

Arthur, 32 ans, 3 enfants, père au foyer, marié

« Lors de la naissance de notre premier, ma femme a eu un accident de voiture. *Les tâches ménagères me rebutaient, mais c'était une obligation,* il fallait tout assumer en bloc. Intellectuellement je refuse de sexuer les tâches, mais le concept n'est pas encore l'action. Au début, quand je changeais les couches, j'avais des hauts-le-cœur terribles ; l'odeur, la consistance des fèces me rebutaient. Je suçais des bonbons, je m'inondais de parfum, je mettais de la musique pour arriver à une saturation sensorielle me permettant de passer ce cap. Je me suis occupé du bébé par force, le temps que ma femme se remette de l'accident. Je ne l'avais pas choisi.

Par contre, au troisième enfant j'ai vraiment choisi de m'en occuper, et cela m'a fait père.

À l'époque j'étais salarié à l'ANPE. Ma femme était médecin. Quand elle a été de nouveau enceinte, nous avons décidé que je prendrai un congé parental sans solde de deux ans.

Je dois dire que les trois naissances ont été différentes. L'obstétricien m'avait tenu à l'écart de l'accouchement du premier. Lors de l'arrivée du second, j'ai investi la technique : vidéo, photo, ambiance copain ; tout se passait bien, mais il n'y avait pas d'intensité émotionnelle. Pour le troisième, je savais déjà que j'allais m'en occuper. Il y a eu de l'intimité dès le début. Il est sorti par césarienne, il me regardait...

Avec les deux premiers, je faisais du baby-sitting, j'aime bien les enfants, je joue avec eux, je donne le biberon. *Mais supporter ce regard qui te fait père c'est autre chose..., cette confiance a priori, cet amour inconditionnel.* Je me suis senti mal à l'aise devant ce petit être qui tend les bras, qui attend. Je n'ai jamais reçu de câlin de ma mère. Pour moi, c'était une femme qui s'appelait maman et qui ne s'occupait pas de nous. Par contre, il y avait une gouvernante pour prendre soin de nous et il ne fallait pas l'appeler maman.

On est bourré de représentations. Enfant, j'avais vu à l'école une femme qui faisait des pliages. Dans ma tête pour bien plier, il fallait être une fille. C'est comme babiller, c'est gnangnan, c'est féminin. J'avais trouvé un style mec pour changer les couches, très tonique. Le gamin se marrait ; je lui racontais des histoires et on éclatait de rire. Pour que je puisse être créatif, il ne fallait pas que ce soit ressenti comme une obligation.

Le problème pour moi c'est que ça n'était à aucun moment valorisant. Je ne recevais pas de reconnaissance sociale. J'étais le mari de madame. Je n'avais plus d'existence sur le plan social. Et puis demander de l'argent à sa femme, c'est terrible. À ce moment-là, on a envie de jeter le bébé avec l'eau du bain.

En ce qui concerne la vie de couple, le climat n'était pas bon. Ma femme a pris énormément de poids à cette époque ; elle compensait par la nourriture. Je ne la supportais plus. Elle était chef de famille et avait du mal à vivre le fait que tout repose sur elle. Nous faisions face à toute une série d'ambiguïtés mais c'était noyé dans un quotidien plutôt agréable, une grande maison, des projets d'aménagement, les enfants, la nourriture... Pour moi, la garde du bébé et le travail à domicile n'étaient certes pas rentables. Je m'étais monté un atelier de sculpteur. C'était gratifiant mais comme je ne sortais pas de mes quatre murs je manquais de reconnaissance. Je suis assez mégalo et j'aurais aimé avoir une réalisation sur un plan international. Là, j'étais confiné dans un petit village, sympa mais tout de même... Je ne me sens pas encombré par un gamin ; je peux le mettre dans un sac à dos pour tondre la pelouse. Mais s'il m'empêche de sortir, de faire ce que je veux, alors ça ne va plus.

M'occuper de ce troisième enfant m'a enrichi comme homme. Je me demande combien de conneries j'aurais pu faire si j'avais gardé la distance. Mes enfants m'ont appris à être attentif à l'autre. J'étais sorti d'une fac de lettres et beaux-arts de Paris ; j'étais introverti, dans un refus de cahier des charges extérieures. J'étais complètement alambiqué dans ma tête. Ils m'ont appris la fraîcheur.

J'étais toujours déconcerté par les femmes qui prennent leur place. Pour moi, il y avait les hommes d'un côté et les femmes de l'autre, sous-entendu la tête d'un côté et le corps de l'autre. Ils m'ont appris à sortir des stéréotypes, à entrer en relation avec la féminité. Ils m'ont fait grandir.

Si c'était à refaire, j'apprendrais à négocier avec ma femme. Je choisirais de travailler pour préserver ma mobilité, mon autonomie.

Un point positif à noter : ma femme n'a pas de sentiment de culpabilité. »

En écoutant Arthur, on se prend à rêver d'un monde meilleur, plus équilibré entre les sexes, où les hommes et les femmes se comprendraient parce qu'ils vivraient des choses semblables, un monde dans lequel les enfants auraient des pères. Car Arthur en témoigne, tout humain, masculin ou féminin, placé dans une situation similaire, ressent le même type de sentiments. Hommes et femmes se sentent interpellés par l'extrême dépendance du tout petit. Hommes et femmes, passés les premiers mois auprès du bébé, se trouvent en manque de contacts extérieurs et de réalisation sociale...

Lorsque différences il y a, elles proviennent de l'histoire personnelle de chacun bien plus que de l'appartenance à l'un ou l'autre sexe.

Il nous montre qu'il ne s'agit pas d'inverser les rôles, mais de trouver de nouvelles solutions, plus équilibrées, ne demandant ni à l'homme ni à la femme de se couper de toute vie sociale et professionnelle et de rester seul(e) à la maison avec un petit.

Une étude sur les pères célibataires met en évidence chez ceux-ci un comportement semblable à celui d'une mère ; ils établissent avec leur bébé une intimité tout aussi étroite. La plupart des pères mariés n'y accèdent pas tout simplement parce qu'ils se reposent sur leur femme.

L'expérience d'Arthur est encore rare. Mais les hommes qui arrivent à se débarrasser des préjugés qui les éloignent de leurs enfants vivent manifestement une relation intense et gratifiante, pour le plus grand bonheur des deux. « *M'occuper de ce troisième enfant m'a enrichi comme homme.* »

Les idées reçues sur une soi-disant aptitude maternante innée chez la femme évite à la plupart des hommes de s'avouer qu'ils ne veulent tout simplement pas laisser bouleverser leur vie par un bébé et se charger de ce poids. Car malgré l'amour et tout le plaisir qui en découle, maternage ou paternage représente une charge. La pression du sens du devoir est encore loin d'être également partagée par les deux sexes.

L'absence des pères

On parle fort peu de la culpabilité des pères. Est-ce qu'elle n'existe pas ? Rares sont les hommes qui s'arrêtent de travailler ou même ralentissent leur rythme pour prendre soin de leur petit. La plupart sont très souvent absents. La carence paternelle est immense dans notre société. Un grand nombre d'adultes d'aujourd'hui souffrent de n'avoir pas eu de contact physique et affectif avec leur père. Embrasser, langer et caresser un enfant, surtout s'il s'agit d'un garçon, ou lui dire « je t'aime » est encore tabou pour beaucoup. Dans leur grande majorité, les pères font défaut ; ils auraient donc bien matière à se sentir coupables... Pourtant il n'en est rien, du moins dans leur discours conscient. Et plus tard, si surviennent difficultés scolaires, troubles du comportement, ils en reportent volontiers la responsabilité sur leur femme : « C'est de ta faute, tu es trop indulgente », « tu devrais t'en occuper davantage »... Il ne leur vient pas à l'idée de se remettre en question. Certains pères vont jusqu'à rendre coupable leur progéniture : « il est paresseux », « elle est impossible », « c'est une tête de mule », chargeant l'enfant pour éviter d'entendre les manques qui se cachent derrière les symptômes. De toutes façons, le raisonnement est simple, puisqu'ils ne s'en occupent pas, ils ne peuvent pas être les responsables !!! Auraient-ils peur de s'attendrir, de ressentir les carences de leur propre enfance ? Aujourd'hui les choses évoluent, et de plus en plus d'hommes, à l'instar d'Arthur, rejoignent les rangs des nouveaux pères, éprouvant le réel désir de développer leur sensibilité et de vivre ce parcours initiatique qu'est l'accompagnement d'un enfant. Ils restent toutefois une minorité. Dans la plupart des cas, la responsabilité des enfants incombe à la mère.

Le taux de divorces n'arrange pas les choses. Certes, entre 1971 et 1981 on enregistre une augmentation de 100 % des demandes de garde par les pères (plutôt les garçons et plutôt les adolescents) et en 1990 en France 160 700 enfants vivaient avec leur papa[1]... (ceux-ci se débrouillant d'ailleurs fort bien !). Il n'en demeure pas moins vrai que la plupart des pères ne songent en général même pas à demander la garde et que les mères n'envisagent pas encore franchement de la leur laisser. Parallèlement à l'accroissement de la conscience paternelle de certains, les chiffres concernant la majorité sont alarmants. Aux États-Unis, un enfant sur cinq vit dans une famille sans père[2]. En France au dernier recensement (INSEE 90) on dénombrait 1 020 920 enfants de 0 à 24 ans (estimation au 1/1/93 : 1 230 000) vivant dans une famille monoparentale dont le parent est une femme. Soit un sur sept ! Un enfant de divorcés sur

---

1. Données tirées de l'ouvrage collectif « Les femmes » INSEE 91.

2. Radio Canada, CBC télévision, *Le Point*, 4 avril 1988, in...

cinq a moins de neuf ans, et près de neuf sur dix d'entre eux habitent avec leur mère.

Ces chiffres sont d'autant plus dramatiques que 27 % des pères séparés ne voient plus jamais leur fils ou fille et ne versent pas de pension alimentaire[1]. Ceux qui restent en contact étroit sont rares ; la plupart rencontrent leur(s) enfant(s) à peine une fois par mois. Ces statistiques atterrantes nous montrent que l'attachement du père à ses enfants n'est manifestement pas aussi fort que celui de la mère. Idée que nombre d'hommes utilisent d'ailleurs comme justification pour ne pas s'occuper des petits, tentant de faire accroire que l'attachement serait une composante biologique innée de la femme. Mais non, si les pères sont moins attachés que les mères à leurs enfants, c'est justement parce qu'ils sont nettement moins présents auprès d'eux, surtout dans leur jeune âge. Jouer ne suffit pas pour établir l'intimité. L'attachement s'étaye principalement sur le nourrissage, sur l'attention portée aux soins, sur le sentiment de responsabilité qu'éveille l'extrême dépendance du bébé. « ... *supporter ce regard qui te fait père c'est autre chose. Cette confiance a priori, cet amour inconditionnel et cette peur de tout violer si je suis moi-même. Je me suis senti mal à l'aise devant*

1. À noter que la proportion d'impayés est notablement plus forte pour les mères au foyer, elle atteint 39 % pour celles qui restent seules à élever les enfants, et 42 % pour celles qui ont fondé un nouveau couple. Cette différence impressionnante est difficile à expliquer, mais renforce le fait que décidément, statistiquement, il vaut mieux travailler !

l'enfant qui tend les bras, qui attend » nous dit si bien Arthur dans son interview.

Quand les pères sont présents physiquement au foyer, ils ne le sont pas forcément psychiquement. Ils se veulent volontiers chefs de famille, mais s'occuper des marmots n'est pas de leur ressort ! Ils peuvent assurer les finances, mais biberons et couches, petites maladies, profs absents, piano et judo, n'entrent pas dans le cadre de leurs fonctions. Que leur femme gagne plus qu'eux, ou occupe un poste supérieur au leur, c'est tout de même elle qui s'arrêtera presque à coup sûr quand les enfants seront malades. C'est elle encore qui réglera les problèmes de cantine et de garde, ira voir les professeurs, accompagnera à la danse ou chez le dentiste.

Prenons conscience que ce problème ne relève pas d'une quelconque déficience génétique chez les mâles humains ; c'est une habitude culturelle. À l'instar de toute tradition sociale, celle-ci a probablement eu une fonction, un sens, à un moment donné de notre histoire et elle s'est installée. Bien qu'elle ait aujourd'hui totalement perdu sa raison d'être, ceux qui en tirent avantage ont du mal à y renoncer ; ce serait abdiquer leurs privilèges. Et celles qui en subissent les conséquences se sentent paradoxalement culpabilisées et n'osent pas assez dénoncer l'inégalité.

Les femmes ont appris à se considérer plus faibles que les hommes. Ayant besoin de leur protection, les destituer serait trop dangereux. Elles préfèrent ne pas voir et recouvrir leurs sentiment envers eux du voile de l'idéalisation.

L'idéalisation des absents

Les enfants aussi souffrent d'avoir un père trop absorbé par son travail ou la télévision, qui rentre tard et laisse systématiquement les tâches « domestiques » à la mère. Mais la colère contre le père est interdite et donc refoulée. Deux possibilités s'offrent alors : mépriser sa mère, idéaliser son père, et, – identification à l'agresseur oblige – répéter le schéma dans sa propre vie adulte. Ou deuxième choix : se ranger dans le camp de sa mère, la protéger et refuser toute identification avec le père. Le gentil petit garçon aura alors bien du mal à devenir un homme.

L'idéalisation jette un voile pudique sur les injustices et les manques. Prenons l'exemple de nos attitudes par rapport aux défunts. Depuis toujours on idéalise les morts et les absents, et davantage encore s'ils nous ont fait souffrir, si nous avons des motifs de colère contre eux. C'est paradoxal ? Non ; analysons le processus. Plus les manques sont importants, plus la frustration et la colère ressenties sont intenses. Mais au fond de soi on peut craindre que l'expression de cette agressivité n'attire des représailles. La peur de la vengeance conduit alors à parer l'autre de toutes les qualités, ainsi il ne peut pas nous en vouloir, et puis il devient si bon qu'il ne peut nous faire du mal.

Le processus d'idéalisation consiste à nier la réalité et à revêtir l'autre de toutes sortes de qualités. L'enfant est amené à croire que tout ce que fait son père, même si c'est douloureux pour lui, il le fait « pour son bien », niant sa souffrance, ses besoins, sa réalité... Il lui est trop difficile de remettre son père en cause. Il se sent si faible et impuissant devant lui, qu'il majore la force et la puissance de celui dont il est encore dépendant. Il serait inquiétant de dépendre de quelqu'un de faible ou méprisable, et il est plus rassurant de continuer à croire que papa est parfait quoi qu'il fasse.

Les victimes ont tendance à idéaliser leur oppresseur. Psychologues et médecins le constatent journellement dans les hôpitaux lorsqu'ils écoutent des petits êtres gravement maltraités par leurs parents. Les sévices subis n'entament pas leur attachement et leur admiration pour leurs bourreaux.

En idéalisant leur père, les enfants vont aussi dans le sens de la dynamique maternelle. Beaucoup de femmes admirent l'homme inconditionnellement, ce qui protège celui-ci de la culpabilité. Elles assument le plus naturellement du monde et sans se poser davantage de questions la responsabilité de tout traumatisme familial. Le père boit ? Il est au chômage, et s'énerve pour un rien ? Il est dur avec les gosses ? Il rentre tous les soirs à 21 heures ? Ce sera encore et toujours la mère qui portera la charge du sentiment de faute au moindre symptôme de mal-être des gamins. Médecins et psychologues en sont les témoins : asthme, pipi au lit ou difficultés scolaires... remettent en question la mère ; à croire qu'elle est seule à élever l'enfant. Le papa ? « Il travaille. » Mais elle aussi le plus fréquemment ! « Ce n'est pas pareil » rétorque-t-elle. Même l'explicitation : « notre relation n'est pas bonne, nous nous disputons souvent, je vois bien que ça rejaillit sur le petit » sous-entend « c'est sûrement de ma faute, qu'est-ce que je peux faire ? ».

Envers de la médaille de l'idéalisation : certaines femmes méprisent les mâles : « Les hommes sont tous des minables. »

Le partage est encore loin !

La répartition des rôles

Le monde évolue, la société se transforme, les besoins ne sont plus les mêmes mais les mentalités prennent du retard. Les hommes trouvent de plus en plus injuste d'être les seuls à travailler pour faire vivre la maisonnée, bien qu'ils perçoivent rarement en retour qu'il est alors inacceptable pour la femme d'assumer la totalité des tâches domestiques. Le travail ménager occupe 45 heures de la semaine d'une femme au foyer et 35 heures de la semaine d'une salariée en sus de ses 35 heures légales et payées.

En 2006, selon une étude statistique de l'INSEE, une salariée consacrait 42 minutes quotidiennes rien qu'aux soins matériels des enfants, contre 19 minutes pour les hommes ! Une étude américaine a montré que même dans les foyers militant activement pour un partage égalitaire, dans la réalité les pères n'assuraient que 35 % des tâches, les mères se chargeant des 65 % restants.

Lorsque partage il y a, il reste le plus souvent inégal : laver le linge, repasser, recoudre un bouton et nettoyer les sanitaires restent des exclusivités féminines. Les occupations plus traditionnellement masculines comme laver la voiture et porter bois, charbon, mazout sont trois fois sur quatre (seulement !) prises en charge par les hommes. Il est à noter que l'évolution est plus nette chez les intellectuels. En effet, plus le niveau du diplôme est élevé (de l'un ou de l'autre), plus le père s'occupe de la maison (7 % des bacheliers contre seulement 2 % des non-bacheliers). Comme quoi faire la vaisselle et passer l'aspirateur sont des activités nécessitant tout de même un certain bagage intellectuel !

Les hommes d'aujourd'hui sont de plus en plus concernés mais l'autonomie en ces affaires de ménage reste l'exception. Pleins de bonne volonté, ils glissent un « qu'est-ce que je peux faire pour t'aider ? » sous-entendu : « tout reste de ta responsabilité, mais je suis compréhensif et je te donne un coup de main ». De nombreuses tâches ne sont pourtant pas si ingrates que cela ; elles le deviennent si elles sont associées à un sentiment d'injustice. Accomplies dans le partenariat, elles seraient plus légères et sources d'un approfondissement certain de la relation conjugale.

La force de l'habitude, le poids des automatismes sont tels que nous n'avons même pas conscience de la plupart des inégalités. Les mères sont victimes d'une situation d'injustice et souvent y collaborent. Certaines ne laissent pas pénétrer qui que ce soit dans « leur » cuisine, et ne supportent pas que leur mari se saisisse de l'aspirateur. La tendance aussi à évincer le conjoint de la relation de soins aux enfants est fréquente. Pour une part, c'est le sentiment de culpabilité qui est à l'œuvre : « Si mon mari doit le faire, c'est que je ne suis pas capable de le faire comme je le devrais.[1] » Une

1. « Les hommes peuvent ressentir aussi cette même culpabilité

femme qui ne se sent pas suffisamment respectée peut avoir besoin de défendre ces seuls espaces de valorisation que sont la cuisine, le ménage, les enfants et ressentir comme une menace toute intrusion sur son territoire. À la seule idée qu'un mâle vienne empiéter sur son domaine, c'est la levée de boucliers : « Il va me mettre le bazar », « il ne va pas savoir s'y prendre avec un nourrisson »... Certes, nombre d'hommes sont maladroits, et même parfois un peu brutaux car ils se sont exilés de leur corps. Mais leurs tout-petits leur enseigneront vite la sensibilité et la délicatesse, les éveillant à leur paternité. La justification « il ne sait pas faire aussi bien que moi » dissimule en fait un grand manque de confiance personnelle. On l'oublie trop, la possessivité de la femme (sur les enfants, sur la maison) vient le plus souvent d'une blessure dans le couple. 91 % des femmes remarquent que leurs propos ou actions sont fréquemment définis par leur partenaire dans des termes péjoratifs ou dévalorisants ! Même ce qu'ils voudraient être un compliment devient une insulte : « T'es intelligente pour une femme ! »...

Par contre, la plupart des hommes reconnaissent une nette supériorité de la femme sur certains plans, notamment tout ce qui concerne le caca. Ils trouvent normal que la défécation des bébés les répugne, et laissent cela à la mère. Quant à elle, si elle ressent la même répugnance, elle s'en culpabilise. Elle estime qu'elle ne

---

par rapport au travail de la femme à l'extérieur : "Je ne suis pas capable d'assumer seul ma famille et de permettre à ma femme de rester à la maison". »

devrait pas éprouver ce dégoût vis-à-vis des produits de sa progéniture et le surmonte.

Ces « oppresseurs sans vouloir le savoir » se sentent décidément rarement coupables et même les plus ouverts ont du mal à abandonner leurs prérogatives, celles sur lesquelles, par manque de sécurité intérieure, ils ont fondé leur identité. Pourtant tout le monde en est amoindri, les hommes comme les femmes.

« Je travaille le dimanche, mon mari a invité des amis pour le déjeuner, *je le laisse se débrouiller*, je lui ai tout expliqué, le hors d'œuvre avant le plat, et ne pas mélanger le sorbet avec l'entrée, tout est au frigo, j'ai cuisiné ça hier soir », nous explique une femme, mère de trois gamins : un fils, une fille... et un mari !

« Les hommes sont des enfants ! » Nos grand-mères le disaient avec tendresse et un brin de fierté ; elles en tiraient une illusion d'importance. Actuellement, les femmes le disent avec une exaspération grandissante. Quand on travaille, un gosse de plus c'est lourd !

Paradoxalement, se comporter en enfant n'a pas l'air d'atteindre l'homme dans son orgueil de mâle autant qu'assumer une tâche traditionnellement dévolue au « beau » sexe. Un verrou de taille bloque nombre d'entre eux : si on est près du berceau et au fourneau, est-on encore un homme ? Dans la réalité, ça ne fait aucun doute, mais dans le fantasme ? En effet, on dirait bien que l'identité masculine est fragile. À la question : « vous considéreriez-vous comme un homme si vous aviez une expérience homosexuelle ? », 57 % d'entre eux disent non !!! On ne change pourtant pas de sexe en ayant des rapports homosexuels. Et encore moins en s'occupant d'un bébé ! Le nourrissage d'un petit est vécu comme une dangereuse plongée dans le monde du féminin. Être un père absent semble plus viril, au moins dans l'imaginaire.

Les conséquences du manque de père

Les enfants ont absolument besoin de leur père. L'argument « ça a si bien marché jusque-là » ne sert qu'à se fermer les yeux. Les ouvrant un tant soit peu, on constate vite que la réalité est autre. La violence est partout, guerres armées ou guerres économiques, misère, asservissement des uns au profit des autres ; notre monde est bâti sur l'injustice et le pouvoir. Pourtant ce n'est pas inéluctable. Un humain ne peut en asservir ou en brutaliser un autre que s'il est émotionnellement détaché, autrement dit « blindé » contre la souffrance. Nous nous forgeons une cuirasse dans l'enfance pour ne pas trop sentir la douleur lorsque nos parents ne savent pas nous écouter. Garçons et filles subissent cette répression émotionnelle. Si les hommes sont plus éloignés de leurs émotions que les femmes, c'est qu'ils ont de bonnes raisons pour cela. Ils naissent de la femme et, pour devenir adultes, ils doivent se différencier de leur mère. Dans notre société, les pères peu présents à la maison ou affectivement distants ne permettent pas à leur garçon de construire positivement leur masculinité. Le petit a trop peu de contacts corporels avec le monde des hommes. Il choisit ses figures d'identification parmi les chanteurs, les héros de ses films préférés ; il s'habille comme eux, copie leurs attitudes, mais ce ne sont que des images ; le monde mâle lui reste distant et idéalisé.

Dès le début de l'adolescence, le garçon redoute de s'abandonner à la tendresse avec sa maman. Pour être certain de devenir un homme, en l'absence de possibilité d'identification positive à un père complet (viril et proche de ses émotions), il s'oblige à prendre le contre-pied du monde maternel. Il élabore sa masculinité en opposition à la féminité de sa mère, jusqu'à développer parfois une quasi-aversion pour tout ce qui est de l'ordre du féminin. Les émotions, qu'il ne voit jamais chez son père, ou chez un homme adulte, appartiennent à ses yeux au monde de l'autre sexe. Il serait donc bien trop risqué pour lui de montrer des sentiments qui pourraient manifester une affectivité « de fille ».

On reproche souvent aux hommes leur égoïsme et leur manque de considération pour autrui. Ces attitudes pourraient-elles perdurer si les messieurs acceptaient de manifester davantage leur sensibilité et prenaient en charge une plus grande partie des soins au nourrisson ? En acceptant que soient posés sur eux les yeux quémandeurs de ce petit être, ils sentiront naître en eux un aspect inconnu de leur sentiment de responsabilité parentale.

Les hommes du futur ayant été en contact corporel chaleureux avec leur père seront plus ouverts et tendres ; ils n'auront pas le même besoin de se protéger et de jouer des jeux de pouvoir pour se sentir exister.

Les enfants ont besoin de leur papa

Le père est important pour son enfant dès le début de sa vie, et non pas comme cela a beaucoup été dit seulement à partir de la troisième ou quatrième année. Des études ont montré que l'absence du père avant deux ans posait plus de problèmes et laissait davantage de séquelles qu'une séparation plus tardive. Les premiers mois sont ceux de l'élaboration de l'identité ; les toutes premières confrontations avec le monde posent les fondations de la confiance de base.

C'est en fait dès la conception que l'on accueille un enfant, qu'on lui signifie qu'il est le bienvenu, et c'est le rôle du père autant que de la mère. Très tôt, le fœtus perçoit l'environnement extra-utérin, directement et à travers l'impact de ce dernier sur sa mère. Dès le quatrième mois il devient capable d'interaction.

La mère sent son bébé remuer en elle ; il est bien réel. Pour le père, les choses sont nettement moins évidentes. Il sait bien sûr qu'il y a un enfant de lui dans le ventre de sa femme, mais c'est une conception encore mentale. Nombreux sont les hommes qui ne découvrent qu'ils sont pères qu'après la naissance, parfois plusieurs jours voire semaines plus tard, le temps de « réaliser ». L'haptonomie, science de l'affectivité, développée par Franz Veldman, enseigne aux futurs parents à se mettre en relation avec le fœtus. En contact intime avec sa femme et ce petit être qui se développe dans son ventre, le père joue avec son enfant à naître ; il le berce, le balance, communique avec des mots mais surtout avec son corps et sa présence, et il obtient des réponses par des mouvements, des petits coups sous sa main... Bébé est là. Il a une existence propre avant même de naître ; la naissance est une continuité, un prolongement ; sans s'être jamais vu, on se connaît déjà, on s'est « parlé ».

Le tout nouveau-né reconnaît sa maman à la voix et à l'odeur, mais aussi son papa. Boris Cyrulnik (in *Naissance du sens*) a découvert que l'odeur de musc spécifique du père, inhalée par la mère se retrouve dans le liquide amniotique en fin de grossesse. Lors de sa sortie, le nourrisson se tourne plus facilement vers ces parfums familiers que vers une personne étrangère. Bébé pleure ? Si papa lui parle, et surtout s'il lui dit une histoire qu'il a souvent racontée à haute voix près du ventre de sa femme pendant la grossesse, il se calme et sourit. Le professeur Minkowsky a démontré que les voix sont perçues in-utero. Les tout petits réagissent donc à leur papa de façon très marquée. Or 75 % seulement de ceux-ci prennent leur bébé dans les bras au cours des deux premiers mois ; le pourcentage monte à 96 % quand l'enfant a 4 ou 5 mois (White et Woolet 81). Il est affolant de penser que 25 % des pères ne touchent pas leur nourrisson ! Il est vrai que lorsqu'on n'a pas été soi-même porté dans les bras par son père, prendre son bébé, si petit, si fragile, réveille nombre d'angoisses. Mais peut-être un jour serait-il bon de rompre l'engrenage ?

D'autant que le père a une fonction importante et un certain nombre d'avantages sur la mère. Moins impliqué dans sa chair, il conserve plus facilement une distance à l'enfant lui permettant de le voir comme une personne indépendante. Ses comportements éducatifs sont plus libres. Il aide la dyade mère/enfant à sortir de la symbiose initiale. Pour cela il doit conserver la proximité sexuelle avec sa femme. Ainsi comblée dans sa relation amoureuse, celle-ci aura moins besoin de l'amour exclusif de son enfant.

Pères et mères se complètent. Les hommes ont des jeux plus stimulants, plus provocateurs ; ils font sauter les petits dans leurs bras. Les mères, elles, préfèrent les activités plus calmes, à tendance éducative. Elles passent davantage de temps à les écouter et à parler avec eux.

Par ailleurs, pour un développement harmonieux de l'identité sexuelle, les deux parents sont importants. Le parent du même sexe constitue un repère corporel, et le parent du sexe opposé introduit à la dimension du désir.

Beaucoup d'hommes n'attendent que la permission de se laisser aller à leurs envies de tendresse. Mais ils sont eux aussi emmurés dans les modèles définis par la culture. De peur d'être rejetés par la société, par leur famille d'appartenance, ils se conforment à l'ordre établi.

L'éclatement des normes, la plus grande flexibilité des rôles, et les découvertes en bébologie[1], aideront à l'émergence d'une nouvelle forme de paternité.

---

1. Science qui étudie comportements et compétences des nouveau-nés.

Forces et faiblesses des pères

À l'hôpital Sainte-Justine à Montréal une étude approfondie sur les « forces et faiblesses » des pères a été menée sur un important échantillon d'hommes.

Forces :

- ils forcent l'autonomie de l'enfant
- ils empêchent la fusion avec la mère
- ils sont moins émotifs, paniquent moins devant les problèmes de l'enfant
- ils se contentent de moins gros progrès chez l'enfant
- ils sont plus calmes, plus rassurants
- ils ouvrent l'enfant au monde extérieur
- ils offrent des défis à l'enfant

Résistances les plus spécifiques :

- ils acceptent difficilement le bien-fondé d'une démarche introspective en psychiatrie
- ils minimisent la sphère émotionnelle
- ils sont facilement blessés narcissiquement
- ils expriment plus difficilement que les femmes leurs émotions
- ils ont peur de devoir se remettre en question et de changer des attitudes
- ils éprouvent des difficultés à demander de l'aide (toute la famille désire un père puissant, sans failles)

– ils se déchargent de leurs responsabilités
– ils laissent souvent leur femme seule et incomprise
– ils culpabilisent les autres (femme, intervenants...)

Exercices :

• ***Comment se fait le partage des tâches dans votre couple ?***

• ***Les tâches ménagères vous paraissent-elles un poids ? Et si oui comment exprimez-vous votre ressentiment ?***

• ***Vous sentez-vous plus responsable que votre compagnon ?***

• ***Que pourriez-vous lui dire ou lui demander ? Comment pourriez-vous améliorer la situation ?***

7.

Le présent, héritier du passé

Pour comprendre pourquoi et comment les mères sont si facilement habitées par des sentiments plus ou moins conscients de culpabilité, il est utile de plonger au plus profond du passé affectif individuel. Le mode éducatif, l'influence du modèle de la mère, les relations mère-fille, et les ressorts psychiques des différentes étapes du développement se mêlent pour faire de nous des êtres plus ou moins culpabilisables. Et nous sommes imprégnées d'une culture qui nous modèle constamment à travers les concepts qu'elle véhicule, les règles qu'elle édicte. Le rôle de la femme dans notre culture occidentale actuelle a largement évolué avec les modifications profondes du mode de vie. Mais dans nos inconscients, l'image a-t-elle progressé en proportion ?

Les méthodes éducatives

Le type d'éducation reçu pèse lourd sur le vécu de l'adulte. Quand on est culpabilisé à outrance dans l'enfance, il est normal qu'il en reste quelque chose plus tard. Or nous sortons à peine d'une longue période d'extrême rigidité parentale. Si les parents d'aujourd'hui sont nettement plus tolérants et plus à l'écoute de leurs enfants, il n'était pas rare d'entendre hier un père dire « tu n'as pas la parole, un enfant n'a que des devoirs ». Les parents, eux, avaient tous les droits et tous les pouvoirs sur leur petit. Ce n'est qu'à la fin du XIXe siècle que l'on a commencé à parler des droits des enfants. Avant cela, ils étaient « sous l'autorité du père », qui pouvait les aimer ou les malmener à sa guise. Il avait sur eux droit de vie ou de mort. L'Ancien Régime se faisait même complice du père, en émettant des lettres de cachet qui permettaient d'enfermer les sujets dits « récalcitrants ».

Violences et négligences envers les enfants ne sont réprimées que depuis 1898. Et ce n'est qu'en 1958 que l'on a commencé à les respecter pour eux-mêmes et à les reconnaître en tant que personnes. Le 20 novembre 1989 enfin, les pays membres votent une Convention sur les Droits de l'Enfant. Ratifiée par soixante pays dont la France en 1990, elle n'est entrée en vigueur que le 8 septembre de la même année. Tout cela est trop récent et l'application de la Convention reste timide. Dans de nombreuses familles, les enfants continuent d'appartenir aux parents pour le meilleur comme pour le pire. Dépendants des adultes pour leur survie, les petits sont écrasés par la pression du pouvoir parental. Or nous avons déjà vu que les humains privés de droit, définis comme inférieurs, manifestent une forte propension à se culpabiliser. Leur dépendance même les rend coupables.

Voyons ici les principaux éléments de culpabilisation distillés par l'éducation, la liste n'est bien sûr pas exhaustive.

« Il faut, on doit », punitions et méthode autoritaire

Il n'y a pas si longtemps, les croyances en vigueur véhiculaient l'idée que les enfants étaient semblables à de petits animaux aux tendances perverses et mauvaises. Il fallait les « dresser » et tous les moyens étaient bons pour obtenir soumission et obéissance. Châtiments corporels, dévalorisations : « tu es trop petit pour comprendre », « un enfant ne demande pas », « tu n'es vraiment pas doué ! » ; menaces : « le grand méchant loup va venir te prendre », « tu verras quand ton père va rentrer », « tu ne seras jamais bon à rien » ; ridiculisation des sentiments : « une vraie lavette », « tu ne vas pas faire une comédie pour ça ! », « les petites bêtes ne mangent pas les grosses » ; blessures narcissiques et culpabilisations directes : « tu n'as pas honte ? », « vous vous rendez compte, à son âge... », « c'est ça, va bouder dans ton coin ! » ; punitions disproportionnées : « tu resteras enfermé jusqu'à ce que. .. », « tu es privé de dessert » ; tout cela ajouté à un évitement des contacts physiques : « si on prend trop souvent un bébé dans les bras, il devient capricieux » ;

« il faut les laisser pleurer » ; « il ne faut pas leur donner de mauvaises habitudes... ».

Quand un être grandit dans la crainte (et on a longtemps confondu respect et crainte) il ne peut avoir confiance en ses capacités propres. Quand il lui est dit et répété « les parents ont toujours raison », il n'installe pas en lui de repères fiables quant à ce qui est bien ou mal. Les références restent extérieures. Et, devenu adulte, il lui sera difficile de savoir par lui-même ce qui est bon ou mauvais. Un fois mère ou père, comment pourra-t-il alors faire confiance à son ressenti ? La tentation restera de s'en remettre aux experts, à ses parents. Or déroger aux normes, désobéir aux messages ancestraux entraîne inévitablement une forte culpabilité.

Aujourd'hui encore nombre de parents attendent obéissance de leur enfant, restant dans ce rapport hiérarchique où l'adulte « sait mieux » que l'enfant, y compris pour ce qui concerne son bien-être. Certains pensent encore nécessaire de se montrer infaillibles pour que les enfants aient confiance en eux : « Même si j'ai tort je lui dis que j'ai raison. »

Les enfants étant loin d'être idiots, ce genre de propos les plonge dans la confusion. S'ils se fiaient à leur intelligence propre, ils sauraient que leurs parents ne sont pas toujours dans le vrai. Ne pouvant se permettre de les remettre en cause, ils sont amenés à admettre que ceux-ci ont raison puisqu'ils le disent, et donc ils abdiquent leurs propres sensations et perceptions. Sans repères internes, ils devront dès lors en permanence s'en remettre aux autres pour apprécier le bon ou le mauvais.

« Il faut », « on doit », et « dépêche-toi », restent des maîtres mots de l'éducation. Aux « pourquoi ? » de l'enfant qui cherche à comprendre, il est répondu : « parce que c'est comme ça », « parce que c'est moi qui décide ». Car les adultes ne prennent pas le temps d'expliquer. Il est plus simple et plus rapide d'imposer.

Un petit qui fait une bêtise, casse un objet, renverse un plat... se sent déjà fautif. S'il est rassuré par une parole sur la non-gravité de sa faute, la conscience d'avoir brisé quelque chose ou d'avoir occasionné des dégâts sera suffisante pour l'amener à être attentif lorsqu'il manipulera de nouveau ce genre d'objets. Si le parent se met en colère, l'enfant se sentira coupable. À l'avenir il fera attention... au regard de l'autre... Tendu dans ses gestes, les objets seront entre ses mains nettement moins en sécurité que dans le premier cas. Surtout si l'adulte renforce son tremblement en ajoutant « fais attention cette fois-ci, tu es si maladroit ».

Pour élever nos enfants afin qu'ils ne deviennent pas coupables et culpabilisables au moindre propos, tout en restant par ailleurs des individus « responsables », il ne s'agit pas de leur éviter à tout prix les frustrations, ou de leur laisser faire n'importe quoi. Le parent laxiste ne sera pas meilleur que le rigide. Le manque d'autorité parentale, l'absence de direction et de limites engendrent aussi une grande insécurité. L'enfant laissé trop libre peut penser : « si on ne s'occupe pas de moi, c'est que je n'ai pas d'importance donc je suis mauvais ». Il ne lui reste alors comme alternative que de diriger ses tendances agressives vers l'intérieur de lui-même, avec pour conséquences dévalorisation, auto-limitation, etc.

Les parents ont à permettre mais aussi à interdire clairement, poser des exigences, mettre des limites. Leur rôle est de correctement doser les frustrations imposées, et d'aider l'enfant à les gérer, que celles-ci soient de leur fait ou relèvent de circonstances extérieures. C'est-à-dire parler, expliquer, mais surtout beaucoup écouter, et permettre l'expression des émotions.

L'interdit de la colère

La plupart des parents supportent très mal les manifestations d'opposition de leur progéniture. Or, la protestation est la réaction naturelle à la frustration et à l'injustice. Quelqu'un se met en colère lorsqu'il éprouve un sentiment de manque ou se sent victime d'un abus, d'une inégalité. Il revendique alors ses droits. Les parents démunis devant les manifestations de rage ou de révolte sont enclins à les faire cesser à l'aide de formulations directes : « tu es vilain », ou indirectes : « tu me fais de la peine, je suis triste quand tu es comme ça ». Le petit rentre alors son agressivité en se sentant vilain et coupable de faire de la peine à maman. Il est obligé de mettre en berne ses propres sentiments pour protéger ceux des autres. La petite fille intègre le modèle, elle n'a pas le droit de sentir ses émotions ; elle est au service des autres. Une fois mère, elle continuera de nier son ressenti, ses frustrations ; elle n'osera pas crier son sentiment d'injustice à son conjoint par exemple. Elle retournera son agressivité ou sa colère contre elle-même, et se sentira coupable.

La dépendance extrême aux parents inhibe toute forme de remise en cause de leurs comportements. Le petit ménage ceux qui sont censés le protéger ; ils ont forcément raison ; ils font tout bien. Par l'idéalisation, nous revêtons l'image de nos parents de qualités extraordinaires comme pour nous convaincre que ceux-ci n'ont pas pu nous faire de mal.

Il est fondamental de permettre à l'enfant d'exprimer sa rage devant les frustrations et les limites qui lui sont imposées afin qu'il ne soit pas contraint de contenir cette violence à l'intérieur de lui-même. Ce principe reste d'ailleurs valable à tout âge : personne, petit ou grand, ne peut tout faire ou tout avoir, mais chacun a le droit d'exprimer son ressenti à propos de ce qui est vécu comme une privation ou une blessure.

D'autre part, exprimer ses émotions permet d'être reconnu dans son authenticité et il n'est plus nécessaire alors de « jouer un personnage », s'efforcer d'être conforme à ce que l'on imagine que l'autre attend. On peut suivre les élans venus de l'intérieur de soi, se faire confiance.

Le chantage affectif

Pour obtenir ce que nous souhaitons, le chantage affectif est un moyen efficace mais dommageable : « Fais cela pour me faire plaisir », ou « Si tu ne fais pas cela, tu me fais beaucoup de peine » induisent dans la tête du petit qu'il est responsable du plaisir ou de la souffrance de ses parents. Quelle charge et quelle entrave d'endosser cette responsabilité ! Et si l'enfant y faillit, c'est la culpabilité assurée.

La culpabilisation directe

« J'ai eu du mal avec toi... Tu m'a donné un abcès tellement tu tétais voracement », ou encore « Tu as été un enfant difficile à élever... tu pleurais tout le temps... tu m'empêchais de dormir... tu m'as fait souffrir... ». Ce genre de propos fait sentir à l'enfant qu'il a été un poids pour sa mère, qu'il lui a fait mal, donc qu'il est « coupable » de l'avoir fait souffrir.

« Tu es méchant »

Les grandes personnes risquent d'instaurer des boucles rétroactives et renforçantes s'ils réagissent négativement aux manifestations d'opposition du gamin et utilisent des qualificatifs tels que « vilain », « pas sage », « méchant », « sale ». L'enfant se confirme alors « méchant » à l'intérieur de lui, et à l'avenir dès que quelque chose n'ira pas il pensera évidemment que c'est lui le fautif, même s'il clame le contraire pour essayer de se disculper aux yeux des autres. Car ce mauvais vient bien de quelque part et, pour un petit, il ne peut pas venir des parents, par définition tout-puissants et merveilleux. Ce serait d'ailleurs encore plus grave pour lui de ne pas pouvoir faire confiance à ceux dont sa vie physique et affective dépend. Il est tout de même moins effrayant de penser que le mauvais vient de lui. Ensuite, de mauvais à coupable il n'y a plus qu'un effet de spirale à ajouter. « Si je suis mauvais, je génère du mauvais pour moi et pour les autres, donc je fais du mal », et souvent l'entourage par ses réactions verbales et non verbales renforce cette idée.

L'acceptation conditionnelle

Quand on n'a pas bien confiance en soi en tant que parent, on a besoin de voir un reflet positif de soi dans ce miroir qu'est notre enfant. On lui demande de correspondre à l'image idéale que nous avons dans la tête, être mignon et « bien élevé ».

Il n'est pas toujours facile d'accepter que notre fils ou fille soit qui il est, qu'il ne soit pas du sexe attendu, qu'il ne soit pas aussi gentil, silencieux, en bonne santé, vigoureux, que nous l'aurions imaginé. Seulement, un enfant perçoit très vite, même si rien ne lui est formulé, qu'il est « non conforme » ; si on ne lui dit rien, il peut même se sentir « de trop » dans sa famille et pire encore, « coupable d'exister ».

Il a un impérieux besoin de l'acceptation inconditionnelle de son père et de sa mère pour se sentir pleinement aimé et confiant. Il doit savoir que chacun d'eux continuera de l'aimer même s'il fait des bêtises, même s'il n'est pas sage à l'école, même s'il n'a pas de bonnes notes.

Éduquer, c'est surtout accompagner et respecter la vie intérieure et les émotions de l'être qui grandit au milieu de nous. L'aimer tel qu'il est sans projeter une image idéale, assurer sa protection sans le contraindre exagérément et accepter ses sentiments, y compris s'il s'agit de révolte. Les limites nécessaires sont celles qui concernent sa protection physique et émotionnelle, ainsi que celles qui garantissent le non-envahissement de l'espace et des besoins de l'entourage.

Les étapes de la maturation affective

Au cours de son développement affectif, à chaque étape-clé de son parcours, l'enfant est habité par des désirs contradictoires, des sentiments ambivalents. Et la culpabilité, si elle n'est pas exprimée et élaborée, fait partie des conséquences inéluctables de cette dynamique émotionnelle. Elle résulte des conflits internes qui peuvent être soit apaisés, soit avivés par les réactions de l'entourage.

Les parents risquent, s'ils n'y sont pas vigilants, de faire peser sur leur enfant le poids de leurs frustrations, de leurs ambitions, de leurs modèles. Les mères les plus attentives, les pères les plus avertis ne pourront épargner à leur petit remous émotionnels et passages conflictuels liés au développement psychique. Ils ne pourront pas non plus échapper complètement à ces réveils en eux-mêmes de sentiments de culpabilité liés à leur propre enfance. Quand nous devenons parents, nous sommes les héritiers plus ou moins heureux ou malheureux de notre enfance, puis de notre adolescence. Là où nous n'avons pas atteint un équilibre suffisant, là où une situation relationnelle n'a pas été correctement achevée, nous retrouverons dans notre nouveau rôle parental des zones de difficulté, reconnues ou occultées.

Cette problématique représente le tribut de la complexité et de la richesse de notre vie affective. Le travail de maturation n'est jamais tout à fait terminé. Il consiste pour les parents à faire face à leurs responsabilités sans tomber dans le piège de la culpabilisation. Pour cela il leur est utile de plonger dans leur propre enfance pour en déraciner les causes.

La psychanalyse nous éclaire sur la dynamique émotionnelle qui enclenche le mécanisme de la culpabilisation. Quelques données sur le développement nous permettront de mieux comprendre l'influence de notre passé sur ce que nous vivons aujourd'hui.

La première année de la vie

Les premiers jours, le nourrisson est partagé entre un état de paix, de bien-être (le sommeil, la béatitude liée à la satiété), et des périodes de tension (faim, propreté, coliques) pour la résolution desquelles il est totalement dépendant de l'adulte.

Si les échanges avec le parent se font dans un climat de détente chaleureuse et de satisfaction, le bébé éprouve du plaisir et le manifeste. Au fil des jours, son intérêt pour ce qu'il perçoit augmente et sa joie se manifeste. Et, dans ces moments, nous pouvons supposer que sa vision du monde est empreinte de confort et de sécurité. Il se forge alors la croyance globale que tout est bon en lui et autour de lui.

Par contre, s'il est dans l'inconfort, le mal-être, le manque, la douleur, il éprouve de la rage et réagit par des cris, de l'agitation, des mouvements de refus. Ces différentes expressions sont des tentatives pour mettre hors de lui ce qu'il ressent comme mauvais et dont il veut se débarrasser. Ainsi les colères du tout-petit, ce que les adultes appellent des manifestations « agressives », sont en fait simplement un mécanisme de protection : le rejet de ce qui est ressenti comme pénible, venant de l'intérieur de soi (sensation de faim intense, coliques...) ou de l'extérieur de soi (bruit, manipulations excessives, froid... tout agent stressant de l'environnement).

Si le ressenti interne est trop douloureux, ou si la frustration imposée de l'extérieur est trop importante ou trop fréquemment renouvelée, et surtout si tout cela n'est pas suffisamment compensé par des moments de satisfaction, de contact positif rassurant, l'enfant vivra ses expériences au monde comme malfaisantes. En lui s'installera alors la croyance globale que tout est mauvais à l'intérieur de lui et autour de lui. Ainsi, dans les premières semaines de la vie, le nourrisson oscille entre des états sans nuances. Selon ce qu'il vit dans l'instant, sa perception du monde est complètement positive ou complètement négative.

Dès les premières tétées, l'état de bien-être est associé au « bon lait » qui donne un sentiment de quiétude. Pour ce nouveau-né qui englobe dans un tout indifférencié lui et le monde, ce bon lait est confondu avec la personne qui le donne, c'est-à-dire la mère (ou le père, ou un substitut parental ; nous évoquons ici la personne qui nourrit habituellement l'enfant). Dans l'organisme du bébé, l'équation se fait : bon lait = bon sein = bonne mère = mère présente. Par voie de conséquence, pas de lait ou mauvais lait (trop chaud par exemple, ou qui fait mal au ventre) et par extension tout ce qui est désagréable sera associé à mauvais sein, à « mauvaise mère ».

Cette dichotomie bon sein/mauvais sein, bonne mère/mauvaise mère est d'abord vécue dans le clivage, c'est-à-dire dans une alternance sans nuance. Le nouveau-né est tout entier souffrance ou bonheur. En grandissant, le clivage devient de moins en moins net et le bébé commence rapidement à intégrer le bon dans le mauvais et le mauvais dans le bon. Dans les moments les plus pénibles, il active le souvenir que des choses agréables existent aussi et cherche à les retrouver. Et dans les moments les plus plaisants, il sait que du désagréable peut toujours survenir, par exemple que l'adulte qui est en train de s'occuper de lui est susceptible de le laisser pour un moment.

Cette progressive intégration l'amène à expérimenter ce qu'on appelle l'ambivalence, c'est-à-dire « la présence dans la relation à un même objet, de tendances, d'attitudes et de sentiments opposés, par excellence l'amour et la haine » (L. Laplanche et Pontalis). Pour que l'enfant construise en lui un sentiment de sécurité suffisant, les moments positifs doivent être prévalants sur les moments désagréables. Ainsi l'enfant attendra du monde extérieur de bonnes expériences et il pourra être confiant. Il sera à même de tolérer des intermèdes déplaisants sans qu'ils ne mettent en danger l'existence des moments agréables.

Si c'est le contraire qui se passe, c'est-à-dire s'il est amené à vivre des passages désagréables trop longs, fréquents, ou intenses, l'enfant redoutera en permanence des catastrophes. Il restera méfiant, tendu, prêt à réagir par des refus et vivant dans la peur de l'agressivité des autres à son égard. Il installera en lui l'image d'un monde hostile et menaçant dont il lui faudra se défendre. Il aura aussi malheureusement une perception de lui-même empreinte de « mauvaiseté ». Cet élément participera à la construction de sa personnalité, et contribuera au processus ultérieur de culpabilisation. L'enchaînement risque d'être encore renforcé si la mère semonce : « tu es méchante », « vilain garçon », « t'es pas belle quand tu pleures », « tu me fais de la peine... ».

Comprenons bien que dans le contexte où nous nous situons, les termes utilisés « bonne mère » et « mauvaise mère » désignent des expériences affectives vécues dans le monde du nourrisson. Ils ne qualifient pas les femmes elles-mêmes. La maman la plus tendre et la plus attentionnée est à certains moments pour son bébé un obstacle à la satisfaction immédiate de son besoin, donc mauvaise dans son registre encore sans nuances. On attend tellement de la personne qu'on aime le plus au monde, qu'elle nous inflige fatalement d'intenses frustrations.

Aucun parent aussi aimant et éclairé soit-il ne peut répondre toujours de manière exactement adaptée à la mouvance des besoins de son enfant. Dans les premiers jours de sa vie, dès que sa mère est absente, le nouveau-né vit un manque puisqu'il ne peut pas faire unité avec elle comme dans la période utérine et, par la suite, les occasions de non-satisfaction seront multiples. L'intensité de la frustration ressentie par le bébé est à la mesure de la force du besoin qui l'habite. Elle est aussi à la mesure de l'importance de son sentiment d'impuissance face à ce qu'il vit comme agressant. Cependant, il traversera ces frustrations sans dommage si elles restent dans les limites de ce qu'il peut supporter sans angoisse. Cela lui est même nécessaire pour se construire. Avoir l'occasion d'éprouver le manque dans des limites raisonnables sollicite l'aptitude à ressentir du désir et à anticiper le plaisir. C'est dans l'attente que l'enfant fantasme sa satisfaction et développe sa capacité de représentation imaginaire. En même temps, il intériorise l'image de ceux par qui il sera comblé. Grâce à cela, il pourra ensuite se rappeler que ces personnes secourables (ses parents) existent, même quand il ne les voit pas. Il fait progressivement ces acquisitions par exemple en apprenant à patienter de plus en plus... pour être nourri sans ressentir l'angoisse de la faim... sans s'effrayer outre mesure quand il est seul à son réveil... en expérimentant que les absences de sa mère sont toujours suivies d'un retour, etc.

Concrètement nous savons qu'un petit a construit en lui l'image interne de l'autre quand il entend les préparatifs de son repas dans la pièce voisine et que sans voir sa mère il l'attend. L'ajustement aux exigences de la réalité l'aide dans sa progression vers la différenciation moi/non-moi, et favorise l'élaboration des mécanismes nécessaires à la constitution de sa personnalité. Parmi ceux-ci, mentionnons les deux processus fondamentaux : l'incorporation (prendre et garder à l'intérieur de soi), et la projection (rejeter à l'extérieur de soi). Ce sont les sensations corporelles qui alimentent les productions fantasmatiques. Or, à ce stade, le bébé vit et ressent le monde surtout par sa bouche. Ainsi l'incorporation sera vécue sous la forme d'avaler (sa mère, l'autre) dans la première période passive du stade oral quand le bébé boit le lait ; puis sous la forme de dévorer (sa mère, l'autre) dans la deuxième période du stade oral quand la poussée dentaire lui permet de mordre. On comprend aisément que les productions imaginaires sans nuances qui accompagnent ces mécanismes soient par moments angoissantes. Par exemple, si le bébé vit une sensation intense de frustration ou de malaise pendant la tétée, il peut avoir envie de mordre sa mère. S'il le fait, l'avalant fantasmatiquement, il la détruit. Ces fantasmes de dévoration sont à l'origine de la culpabilité liée au fait de faire mal à l'autre, avec en corrollaire la peur des représailles.

L'éducation à la propreté

Une période particulièrement délicate est celle de l'éducation à la propreté. D'autres cultures ne rencontrent pas ce problème ; les mères indiennes, africaines, et toutes celles qui portent le bébé sur elles, sont rarement mouillées par leur nourrisson. Elles savent distinguer le sens des cris et des mouvements du tout petit et l'écartent de leur corps pour lui permettre de satisfaire ses besoins d'évacuation à la demande. Elles sont en phase avec l'enfant, l'apprentissage se fait en douceur[1]...

Notre civilisation du berceau, dictant de ne pas trop prendre ou porter les bébés, nous a éloignés de la conscience de leurs besoins. Une grande importance a été accordée à l'acquisition précoce du contrôle sphinctérien, surtout ces dernières décennies. Nos mères

1. *Le Langage des bébés*, ouvrage collectif sous la direction de Marie-Claire Busnel, éd. Jacques Grancher. Voir aussi *L'Hygiène naturelle de l'enfant*, de Sandrine Monrocher-Zaffarano, Jouvence, 2005.

étaient fières quand leur tout petit était « propre ». Heureusement, le progrès des connaissances en psychologie, et il faut bien le dire aussi l'allégement de la tâche de nettoyage avec l'avènement des couches jetables, ont modifié quelque peu les données du problème. Cependant, notre culture reste encore fortement marquée par l'association : excrément = sale = mauvais = mal. Nous en avons pour preuve, non seulement le caractère secret de notre intimité anale et de tout ce qui s'y rattache, mais les mots agressifs, orduriers, les injures qui y font référence.

Revenons au vécu du petit dans sa deuxième année pour mieux comprendre ce qui se passe à ce moment-là, car c'est une période-clé pour l'installation du mécanisme de la culpabilisation.

Jusqu'à présent, bébé laissait ses selles s'écouler de son corps au fur et à mesure de ses besoins. Maintenant sa mère, ou toute autre personne qui l'éduque, lui enjoint plus ou moins sévèrement de « faire » à un certain endroit, et à une certaine heure. Fini le plaisir de « se laisser aller », de « se soulager » en toute liberté. Il lui est demandé d'exercer un contrôle, de différer ou d'anticiper la satisfaction de son besoin. Quel changement ! Quel effort ! Et quel renoncement ! Heureusement, se sentir en mesure de contrôler son sphincter installe la conscience d'un nouveau pouvoir ; c'est une gratification non négligeable : « je peux désormais à volonté retenir ou laisser sortir mon caca-boudin. J'acquiers de ce fait un sentiment de toute-puissance (puisque j'ai la possibilité de faire exécuter à mon corps ce que je veux qu'il fasse : garder ou laisser sortir) ». Au niveau du fantasme, cette toute-puissance implique

que l'enfant peut utiliser ses excréments contre son entourage, en tant qu'armes relationnelles : il peut donner ses selles comme un cadeau, en se soumettant entièrement au désir de l'adulte qui s'occupe de lui ; il peut aussi refuser ses selles en se salissant, en étant constipé, en les différant, en faisant patienter.

Bref, le caca devient une monnaie d'échange. Le bébé manifeste à travers ce véhicule son amour et son hostilité. Et cela à un moment où il est en train de conquérir une autonomie grandissante (par l'acquisition de la marche, le développement de son langage, etc.). En continuité avec le vécu du stade précédent, on retrouve la même dualité dans les fantasmes. Le « bon caca » procure du plaisir ; il est une manifestation d'amour, c'est l'équivalent du « bon sein ». Le « mauvais caca » est une manifestation d'opposition, d'agressivité ; il est ressenti comme dangereux, destructeur, c'est l'équivalent du « mauvais sein ».

Toute réaction parentale négative : « vilain ! tu as encore fait dans ta culotte », « tu es méchant », « quel sale ! » a un impact important. Les reproches renforcent la culpabilité déjà présente à cause des fantasmes agressifs liés à cette période.

La période « œdipienne »

La période dite « œdipienne » apporte sa charge supplémentaire. Qu'est-ce donc exactement que ce « complexe » ?

Dès 3-4 ans le petit garçon résume l'« Œdipe » à sa façon en proclamant « quand je serai grand, je me marierai avec maman ! », et la petite fille « quand je serai grande, je me marierai avec papa ! ». Les parents sourient avec attendrissement. Ils ne se doutent pas toujours de la tempête émotionnelle que ce projet déclenche à l'intérieur de la petite personne.

À partir de l'apparition du JE et de la reconnaissance explicite de la différence des sexes, le modèle de l'adulte est envisagé aussi avec sa composante sexuée. Maman est perçue comme une femme et plus précisément la femme de papa. Papa est perçu comme un homme, et plus précisément comme l'homme de maman.

Or, pour grandir, le petit garçon doit devenir un homme, devenir « comme papa », donc avoir une femme comme lui. L'enfant porte déjà un amour tendre à sa maman. L'envie lui vient, dans un mouvement d'identification au père, d'avoir avec sa mère la qualité particulière d'amour qu'il a pressentie, constatée ou imaginée entre homme et femme. Cette forme d'intimité lui fait envie tout en l'effrayant quelque peu car la composante sexuelle est devinée plutôt que connue et reste encore obscure. Et puis cela ne peut pas être permis. En effet, le petit garçon a dans la tête des idées dont certaines sont bien inquiétantes. S'il veut avoir sa mère pour femme, alors son père est gênant ; il lui barre la route. En effet, prendre la place de quelqu'un c'est l'éliminer, le supprimer, à l'extrême le tuer. Des fantasmes peuvent l'assaillir : « Si papa n'était pas là, j'aurais maman pour moi tout seul... S'il lui arrivait un accident de voiture, je resterais seul avec elle », etc... Il faut vite chasser de telles images, sinon on se sent trop méchant et coupable. Non seulement c'est très mal de souhaiter la mort de quelqu'un, mais en plus, quand on est si petit, on ressent un grand besoin de l'amour et de la protection à la fois de son père et de sa mère. C'est de la responsabilité du parent « rival » que de rassurer alors l'enfant sur l'amour qu'il lui porte en développant la plus grande tolérance face à cette agressivité, la laissant s'exprimer tout en n'étant pas touché par elle. Il est alors rassurant pour l'enfant de sentir de façon certaine que ni ses parents, ni le lien qui les unit, ni leur amour pour lui ne peuvent en aucune façon être détruits ou endommagés par sa violence. C'est de la responsabilité du parent momentanément élu de ne pas profiter de la situation en établissant une trop grande complicité avec l'enfant contre l'autre parent. La relation amoureuse du couple parental est plus que jamais importante. Cette sécurité donnée alors permettra à l'enfant de traverser cette phase œdipienne sans encombres.

Sinon, pour échapper à ce dilemme l'enfant se sent contraint de refouler une grande part de son agressivité envers le parent rival. Or une hostilité non exprimée contre son objet se retourne contre le sujet, et le transforme du même coup en individu « méchant ». Ce mécanisme opère un renforcement de la culpabilité héritée des phases précédentes, et les punitions que l'enfant redoute sont à la mesure de l'intensité de ses souhaits. De ce fait, le petit garçon se sent soulagé lorsque sa mère lui annonce clairement qu'elle ne se mariera jamais avec lui simplement parce qu'elle est sa maman.

La petite fille passe par le même chemin. Elle devient avec son père plus possessive et plus tendre, recherche sa présence et ses marques d'affection. Elle est attentive à lui plaire et développe sa coquetterie. Adoptant volontiers attitudes et comportements de sa mère, elle fait la petite femme. Aimant être seule avec papa, elle essaie de temps à autre d'évincer réellement maman, avec toute la mauvaise conscience que cela engendre.

Il y a alors grand danger pour l'équilibre futur de cette petite fille à ce que son père fasse la confusion entre le désir de proximité affective et le désir sexuel. Le père se doit de dire clairement : « Un père ne se marie pas avec sa fille, c'est interdit. » Le nombre des incestes est non négligeable et les comportements ambigus du père beaucoup plus fréquents qu'on ne le pense généralement. Hélas, et paradoxe, ce sont les filles qui, sur le moment et plus encore par la suite, développeront de la culpabilité, voire de la honte par rapport à ces attitudes parentales abusives.

Complexité supplémentaire pour la petite fille, sa mère et rivale est aussi sa première source de sécurité. Elle ne peut donc pas sans risque s'opposer trop à elle. D'autre part, pour grandir, devenir femme à son tour, elle devra s'identifier suffisamment à cette mère aimée et détestée à la fois. Enfin, quand ce modèle est celui d'une femme qui s'auto-accuse de façon excessive, la petite risque d'intégrer la culpabilité maternelle en sus de la sienne propre.

Il va de soi que plus la relation avec la mère aura été frustrante et conflictuelle antérieurement, plus l'hostilité de la fille sera grande et lui rendra difficile le maintien d'une relation identificatoire suffisamment bonne pendant cette période critique, compliquant d'autant son rôle futur de mère.

L'enfant sort du conflit œdipien par la constatation de la réalité : la place est prise, et puis il y a le décalage d'âge et de taille. Il remet à plus tard son projet d'union amoureuse et le transfère dans ses fantasmes sur un adulte autre. Le petit garçon dit alors : « quand je serai grand, je me marierai avec une dame qui sera comme toi, maman » ou « Caroline est ma petite amie et on se mariera ensemble »... Et la petite fille dit : « quand je serai une dame, je prendrai un monsieur très fort et très gentil comme mon papa », etc.

Ce recul permet à l'enfant de se rapprocher avec moins d'ambivalence du parent rival, et le processus nécessaire d'identification s'en trouve facilité. Le garçon voudra devenir comme son père, la fille comme sa mère, ce qui conduira l'un et l'autre à l'acceptation de leur propre sexe.

L'identification

Tout au long de la période suivante dite « de latence », qui s'inaugure par l'entrée dans l'âge « de raison » (vers 6-7 ans), le processus d'identification donne lieu au renforcement des rôles. Pour bien confirmer aux yeux des autres et aux siens son identité de garçon ou de fille, l'enfant sera soucieux de se modeler sur l'image que ses parents et la société lui renverront du rôle masculin et du rôle féminin. Cette sexuation est d'ailleurs fortement encouragée par les parents qui redoutent les « identifications inversées ». Cependant, même si le petit garçon se balade plusieurs jours avec le sac de maman et veut porter des jupes, il ne deviendra pas homosexuel pour autant. Les enfants vivent avec deux parents, ils ont besoin d'intérioriser les deux modèles.

Par ailleurs, dans le contexte culturel actuel, le petit de cet âge est soumis à un ensemble de facteurs qui rendent plus impérieux son besoin de conformité à un modèle. La complexité de cette culture augmente l'effort à fournir pour assurer la contention des pulsions primitives.

La nouvelle disponibilité du garçon ou de la fille à se modeler, se censurer, ordonner, assimiler, va alors dans le sens de la pression de l'adulte qui, à travers la famille, l'école, la télévision, la rue et autres institutions, lui impose des schémas de pensée et de comportement. Les enfants saisissent vite que les comportements « conformes » à leur sexe sont accueillis par des regards approbateurs et des sourires, tandis que les autres suscitent rires et moqueries.

Ils se mettent donc à tenter de ressembler le plus possible à l'image qu'on leur propose de leur « rôle ». Être un garçon implique de se comporter comme un petit homme dans cette culture-là, c'est-à-dire se montrer plutôt dur, compétitif, ambitieux ; préférer un certain type d'activité, de jeux, de jouets, etc.

Être une fille impose de se conduire comme une petite femme, c'est-à-dire être plutôt encline à la douceur, faire preuve de sensibilité, et si possible de qualités maternelles.

Il arrive que l'enfant manque d'un des deux modèles, dans une famille monoparentale par exemple, ou que ses parents soient inadéquats et/ou sources de honte (un parent faible, violent, alcoolique, déprimé...). Dans le meilleur des cas, il choisira un autre support identificatoire, ou adoptera des attitudes strictement opposées à celles des modèles qu'il rejette. Dans le pire des cas, il construira son identité sexuée sur un sentiment de vide et d'inadéquation.

Avoir honte de ses parents est dur à vivre ; l'enfant n'est pour rien dans leur incompétence et pourtant il dissimule ses ascendants comme si c'était lui le coupable.

L'admiration inconditionnelle des parents est une autre source de culpabilité à cette étape. Nombre de descendants de célébrités, aux carrières brillantes, ou issus de famille exemplaire ont du mal à endosser le manteau. Les critères de réussite et/ou de vertu sont trop élevés. Impuissants à leur ressembler, à répondre aux attentes parentales, les enfants ne se sentent pas à la hauteur, héritiers indignes. Ils ne détectent pas que le challenge est injuste. Car s'ils ne réussissent pas, c'est sans doute que père et/ou mère ne supporterait pas la compétition. Chaque être humain est unique et a le droit de développer des compétences différentes de celles de ses géniteurs. Les comparaisons sont illégitimes.

La phase d'identification est celle de l'incorporation des qualités parentales. De nombreux parents ont du mal à voir leurs enfants les dépasser. Ils les en empêchent plus ou moins inconsciemment en les limitant sans cesse ou en les rendant dépendants.

Oser devenir plus fort, plus cultivé, plus riche que ses parents, réussir mieux qu'eux, être plus heureux, vivre plus vieux, n'est pas toujours facile. Bien que ce soit la loi de l'évolution, les enfants sont confrontés à la culpabilité dans cette rivalité avec leurs parents.

L'adolescence

Puis c'est l'adolescence aux multiples facettes et ses mutations. Puisque notre propos dans ce livre est de mieux comprendre les mères et leur tendance à la culpabilité, nous nous centrerons sur l'adolescence de la fille.

Ce sont les premières règles qui signent l'accès à la génitalité, à la fertilité, à la confirmation du statut de femme. Mal préparée, la fillette peut ressentir sa première menstruation comme quelque chose de difficile à accepter. Plus elle est jeune, plus est grand le risque de refus, d'assimilation du sang menstruel à quelque chose de sale et dont elle se trouve confusément honteuse. Ce vécu peut être aggravé par la réaction maternelle : certaines mères se sentent destituées par cette accession de leur fille au statut de femme ; elles la jalousent et peuvent devenir agressives et rejetantes.

De nombreuses mères elles-mêmes traumatisées (dans les générations antérieures, il était habituel de ne même pas avertir les filles de ce qui allait leur arriver) ne peuvent pas s'empêcher à ce moment-là d'exprimer leur propre sentiment de frustration, voire de blessure concernant leur féminité. À leurs yeux, leur fille devient comme elles une victime. L'attitude de compassion qui en découle est loin d'aider les adolescentes à reconnaître le côté positif de leur état. Certaines réagissent par la soumission au modèle de victime et seront d'autant plus facilement des « mères coupables ». D'autres protestent vigoureusement et adoptent le schéma inverse, ce qui n'est pas sans dommage non plus pour leur épanouissement à plus long terme.

Bien accompagné, l'événement des premières règles, survenant ni trop tôt ni trop tard, intronise l'adolescente dans le monde des femmes. Elle devient conforme aux normes du groupe des filles de son âge.

Les insatisfactions de chacun ou de l'un des deux parents concernant leur propre corps et leur sexualité retentissent vivement dans la façon dont ils abordent leur enfant grandissant.

Pour se sentir capable de séduire un homme, et d'être aimée de lui, l'adolescente a besoin de la valorisation et de l'amour de son père. En trouvant sa fille séduisante, celui-ci lui ouvre l'accès au monde masculin.

Mais il arrive qu'un père sexualise par trop la relation et interdise plus ou moins consciemment à sa fille d'attirer d'autres hommes que lui. C'est l'impasse ; la future femme aura bien du mal à trouver un compagnon, prisonnière d'une inconsciente culpabilité, chaque rencontre étant vécue comme une trahison vis-à-vis de son père. À moins qu'elle ne se marie avec un sosie de celui-ci.

Il est fréquent aussi que le père réprime la sexualisation de sa fille, la déprécie, refuse de la voir devenir femme, culpabilisant alors sa séduction.

Dans ce domaine, la mère joue aussi son rôle. Saura-t-elle accompagner l'adolescente dans l'inévitable rivalité qui l'oppose à elle ? La fille a souvent plus d'atouts que sa mère ; elle est plus jeune, plus jolie, l'avenir devant elle et tous les hommes en puissance... Si sa mère ne l'encourage pas à la dépasser, la culpabilité née de la rivalité risque d'inhiber l'adolescente.

Rivalité et jalousie fraternelle

Frères et sœurs constituent aussi des objets de rivalité, source de multiples maux. Aucun enfant n'échappe aux sentiments de jalousie vis-à-vis de ses rivaux réels ou imaginaires. Et les parents sont souvent bien démunis pour les aider à gérer ces obscures émotions. Que de souhaits de mort sur le petit frère ou la petite sœur ! « Dis, maman, si on la mettait à la poubelle ? », « on pourrait laisser le bébé chez mamie ». Chaque enfant aimerait être le plus aimé, voudrait tout posséder. Mais chacun veut aussi profiter des avantages que peut procurer la présence de l'autre. C'est dire que l'ambivalence est aussi le lot des relations fraternelles. Ambivalence née des désirs contradictoires,... culpabilité engendrée par les sentiments agressifs...

Ainsi, tout au long de notre développement, nous traversons des étapes qui scandent nos acquis, et aussi comportent des risques. Nous avons vu que la culpabilisation est un des mécanismes sans cesse prêt à fonctionner en raison des aléas que représente ce délicat ajustement : expression des émotions et réponse de l'environnement. Dans cette dynamique, interviennent en premier lieu les parents, et eux-mêmes réagissent en fonction de la manière dont ils ont été élevés. C'est dire l'importance de la culture dans laquelle nous baignons pour l'avenir psychique des êtres qui la composent.

L'impact de la culture

Chaque individu est plongé dans une culture qui l'accueille, le forme, le modèle. Son développement par le lent processus d'individuation l'amène ensuite à penser par lui-même, du moins le croit-il. La pensée individuelle utilise bien sûr les matériaux dont elle dispose, c'est dire que cette élaboration personnelle reste dépendante du milieu culturel.

Or, notre siècle est marqué entre autres par le « glissement », voire le renversement de nombreuses valeurs, l'instabilité des référents, la mouvance des croyances. Bref, les points de repères ne peuvent plus toujours jouer leur rôle d'ancrage permettant de guider attitudes et comportements. Dans ces conditions, comment les jeunes parents vont-ils définir leur rôle, assumer leur tâche sans être trop souvent assaillis par le doute et l'inquiétude ?

La priorité donnée à l'individualité sur le groupe implique le difficile passage de la responsabilité collective à la responsabilité personnelle. Chacun, en même temps que le sentiment de son importance et de son caractère unique, a le lourd privilège d'assumer quasiment seul le développement puis l'exercice de sa conscience morale. Le cadrage collectif garantit de moins en moins à l'individu le bien-fondé de ses jugements et de ses actes. Il se retrouve alors fréquemment seul face à lui-même. Les notions de bien et de mal sont intériorisées, reprises et remodelées par chacun ; plus subjectives, elles deviennent du même coup plus complexes et floues.

Ainsi, les mères d'aujourd'hui manquent de « principes » solides pour élever leurs enfants. Petites, elles ont appris à obéir aux règles et aux injonctions parentales mais pas à faire confiance à leurs sentiments et intuitions.

Elles disposent d'un certain savoir, d'idées reçues, de modèles, mais tout cela étant mouvant et souvent contradictoire, elles ne sont plus très sûres de bien faire en adoptant telle ou telle démarche éducative. Les anciennes générations n'avaient pas à se poser de questions à ce sujet ; de mère en fille l'éducation était sensiblement la même. Les choses qui se faisaient et celles qui ne se faisaient pas étaient clairement définies.

Ces dernières décennies, la réduction de la taille de la famille a encore aggravé la solitude des mères face à leur responsabilité. S'il n'est pas toujours facile pour les grand-mères de laisser à leur fille l'exercice de leur pleine parentalité, l'ancienne génération est souvent absente du foyer et surtout n'est plus investie ni de la tâche de la guidance des jeunes, ni de la fonction de gardienne et témoin de la tradition. La tradition n'a de toutes façons pas les réponses aux problèmes qui se posent dans la réalité d'aujourd'hui.

Un des corollaires de ce bouleversement culturel est l'accès au libre-arbitre qui ouvre au problème de la liberté et donc à la possibilité, voire à la nécessité, de faire des choix. Mais quelles sont les garanties d'un bon choix ? Quels en sont les critères ? Les jeunes parents n'ont jamais appris. La complexité et la multiplicité des facteurs en cause noient les repères et brouillent les pistes. Dans ce flou, dans ce dédale d'options, ils ont du mal à trouver une route qui leur donnerait un sentiment de sécurité.

L'image de la mère

L'image de la mère à travers les âges et les différentes cultures présente une longue évolution et de nombreuses variantes. La maternité, comme la paternité, sont des schèmes archétypaux, c'est-à-dire universels, profondément inscrits dans notre psychisme. Nés d'une mère et d'un père, nous ne pouvons échapper à l'interrogation, même si nous ne la formulons pas consciemment : qu'est-ce qu'être mère ? qu'est-ce qu'être père ?

Nos ancêtres y ont répondu collectivement à travers symboles, images, croyances imprégnant le milieu ambiant, et individuellement à travers leur manière propre de les mettre en actes dans leur vécu de parent.

Dans le foisonnement des éléments qui participent à l'élaboration de l'image maternelle actuellement prégnante dans notre culture, nous retiendrons seulement ce qui nous semble avoir des répercussions particulièrement lourdes sur les attitudes parentales.

Tout d'abord, nous l'avons vu, les siècles précédents ont été marqués par l'idée que le bébé était l'équivalent d'un petit animal et que, de ce fait, il n'avait pas de ressenti « humain ». La conséquence logique était qu'il fallait le dresser comme un animal, et l'éducation était une longue lutte pour « domestiquer » les instincts (supposés mauvais) du petit d'homme. Chacun a en mémoire les nombreux sévices que les éducateurs faisaient subir aux enfants pour que soient respectés les interdits, et le célèbre livre *Les Malheurs de Sophie* est bien le reflet d'une époque.

D'autre part, la peur du péché (en particulier du « péché de la chair ») introduite par le catholicisme, a entraîné des attitudes de protection par rapport au risque de « chute » : le mépris du corps, le danger du plaisir, la valeur du sacrifice, etc. S'imposer à soi-même contraintes et mortifications, se punir soi-même, c'est acquérir des mérites certes mais c'est aussi et surtout éviter d'avoir à encourir des châtiments venus d'un « ailleurs » plus puissant. Il s'agit aussi pour la fille de ne pas prendre le risque d'être assimilée à une putain – insulte trop fréquemment proférée par père ou mère sur leur propre enfant, provoquant d'énormes dégâts psychiques. Une femme est « vierge ou putain ». Et il est bien connu qu'une mère ne peut être que vierge...

Il est intéressant de comparer le mythe de la femme et celui de la mère. Ce ne sont pas les mêmes personnes ; la première est caractérisée par sa légèreté, sa coquetterie, sa rouerie... La seconde n'est pas une femme comme les autres, c'est une mère parfaite, une mère-vierge : « Toutes des s... sauf ma mère. »

Les notions de Bien et de Mal étaient alors les seuls guides de l'éducation, et les parents ont élevé leurs enfants en vue du Bien, « pour leur bien », dans une perspective valorisant beaucoup plus la conformité à un idéal collectif de moralité que l'épanouissement personnel. Dans ces conditions, celui-ci ne pouvait d'ailleurs paraître qu'égoïste et donc malvenu.

La religion

Dans la religion chrétienne, la croyance en un « péché originel » introduit ipso facto l'humain dans l'univers de la faute, c'est-à-dire de la culpabilité et du risque permanent de punition. Notre tradition « judéo-chrétienne », en nous proposant l'image d'un Dieu vengeur, a développé un climat de crainte. Dès la naissance, nous sommes marqués par le péché. Coupables nés, nous devrons constamment nous défier de nous-mêmes pour ne pas nous montrer « mauvais », nous surveiller pour échapper aux conséquences désastreuses promises en cas de faute.

Or, qu'est-ce qui détermine un délit ? S'il s'agit par exemple de la transgression d'une loi clairement édictée, l'identification est simple. Mais le plus souvent l'évidence n'est pas au rendez-vous. Certaines catégories de « péchés » sont particulièrement difficiles à repérer : ceux commis (!) par pensée ou par omission par exemple. Puisqu'on ne peut constamment contrôler ses pensées et que, de plus, la plupart des oublis sont inconscients, comment peut-on échapper à l'impureté ?

« Enseignée par des religieuses, je devais remplir chaque semaine une feuille, bilan de mon "examen de conscience" ; quelle angoisse lorsque je devais répondre à la question : combien de fois avais-je péché par pensée et par omission ?

Ces mots me semblaient lourds de choses obscures, floues,

faisant référence à un univers que je devinais vaguement en rapport avec une sexualité dont on ne me parlait pas, et qui devait donc être interdite, mauvaise, sale... Que pouvais-je répondre ? Rien que le fait de me poser la question m'introduisait dans un malaise indéfinissable, et je ressentais quelque chose comme de la honte et la peur d'un châtiment, lui-même impossible à préciser mais qui avait un goût d'"Enfer".

De plus j'avais l'obligation de me confesser régulièrement, cela impliquait que j'avais toujours quelque chose à me reprocher dans la réalité ou dans l'imaginaire. À chaque instant, je pouvais "pécher" par le seul fait de ma pensée.

Quelle angoisse à nouveau !

Quant aux actes positifs à mettre sur l'autre plateau de la balance, ils avaient bien du mal à faire le poids puisque de toute façon, quelle que soit leur valeur, ils ne pouvaient jamais être à la hauteur de l'idéal de perfection qui était proposé.

Cette éducation a bien entendu eu des répercussions sur la façon dont j'ai par la suite vécu et rempli mon rôle de mère. J'étais constamment préoccupée : ce que je faisais était-il correct ? Si je ne faisais pas telle chose, quelle conséquence cela aurait-il ? Par exemple, si je ne me précipitais pas chez le médecin au moindre signe de fièvre, mon enfant allait-il guérir ; ou allais-je être punie dans sa chair de ma négligence ? » confie Catherine, 61 ans.

Bon nombre de femmes de sa génération ont été peu ou prou marquées par ce climat, fait surtout d'anxiété et de culpabilité, de peur de mal faire.

La religion a fourni le modèle de la Vierge, avec le poids de sacrifice qu'il porte, la promesse de souffrance (la Vierge au pied de la Croix), et la dévalorisation du plaisir, plus précisément du plaisir sexuel (l'Immaculée Conception).

L'intrication de ces paramètres aboutit à des équations implicites concernant le rôle maternel. Ainsi, être mère, c'est :

– souffrir : enfanter dans la douleur, se sacrifier pour sa famille. Et faire souffrir : élever les enfants à la dure pour que la douleur leur forge le caractère ;

– donner la priorité aux valeurs morales ; se méfier de tout ce qui est instinctuel, venant de soi-même ou de l'enfant et donc par exemple réprimer les élans de tendresse ;

– faire taire ses émotions pour laisser parler la raison et le devoir ;

– privilégier le Salut éternel pour soi-même et pour les autres, donc ne pas rechercher le bonheur ici et maintenant (il y aurait même une incompatibilité entre être heureux maintenant et bienheureux après) ;

– être investie d'une noble tâche, susciter le respect et l'admiration de l'entourage, avoir le réconfort de faire son devoir, etc. Heureusement qu'il y a quelque bénéfice à ces exigences terribles !

À travers toutes ces souffrances, il s'agit de gagner son Salut, mériter le bonheur dans l'au-delà ou pour le moins échapper aux flammes de l'Enfer.

Un tournant culturel

La fin de notre siècle voit l'explosion de ces valeurs, une remise en question fondamentale de cette morale.

L'avènement de la psychanalyse a levé le tabou de la sexualité, révélé l'existence des affects dès le début de la vie, a situé la dynamique humaine dans l'alternative principe de plaisir/principe de réalité. Psychologues, pédagogues, pédiatres nous ont fait connaître les étapes de l'évolution et les performances de l'enfant. Dans ce contexte nouveau, toute conduite ne se juge pas selon des critères moraux mais s'explique en fonction du développement et d'un vécu relationnel complexe.

L'enfant s'est de ce fait trouvé restauré dans sa position de sujet ressentant, et ses parents dans leur fonction de responsables du bon développement de sa personne. Et la morale alors ? Elle est passée au rang de valeur rétrograde, inhibitrice.

Pères et mères ont alors été pris dans une alternative complètement différente de celle de l'époque précédente. Comment s'y prendre pour que nos bébés soient épanouis, c'est-à-dire donnent libre cours à leurs instincts, obéissent au tout-puissant principe de plaisir, et qu'en même temps ils s'adaptent suffisamment aux exigences de la réalité pour devenir des êtres socialement acceptables ? C'est un dilemme de tous les instants. La défiance vis-à-vis de soi dans le rôle de parent s'est déplacée : il ne s'agit plus de faire taire les instincts du petit mais au contraire d'en éviter la répression. Dans cette perspective, les fautes éducatives ne seront pas sanctionnées dans une vie « éternelle » mais dans la vie d'aujourd'hui, et dans l'avenir du futur adulte. Ce qui n'est pas moins grave tout compte fait puisque nous n'avons qu'une vie, celle-là, pour être heureux.

Quel changement de cap ! Et en si peu de temps !

Les femmes d'aujourd'hui entendent le message : laissez vos enfants s'épanouir, alors que leurs mères ont reçu et appliqué le message inverse.

Ce tournant culturel est d'autant plus difficile à négocier qu'il faut plus d'une génération pour changer les mentalités en profondeur. Nous ne pouvons pas nous soustraire complètement à l'influence transgénérationnelle dans l'éducation. Que nous fassions (ou voulions faire) comme, à l'inverse, ou simplement différemment des anciens, nous nous référons à des concepts, symboles, faisant partie de notre univers culturel. Ce sont forcément les matériaux à partir desquels nous avons construit nos propres valeurs et attitudes.

Tout cela se mêle à la somme des expériences affectives vécues depuis notre conception et nous dicte pensées et actes.

Nous évaluons ainsi combien nos attitudes éducatives, même si elles sont accompagnées d'une mûre réflexion, d'une analyse « objective » de la situation, d'une accumulation de connaissances en psychologie, sont en fait très complexes et émergent, pour la plupart d'entre elles, du fin fond de notre culture. Notre milieu ambiant a intimement participé au tissage de notre histoire personnelle et à l'élaboration de nos valeurs fondamentales. L'image de notre futur rôle de parent a été forgée par notre vécu d'enfant et alimentée par les modèles familiaux. Ainsi les petites filles sont inévitablement les héritières de leur mère et du couple que celle-ci aura formé. Ce qu'elles feront ensuite de cet héritage modèlera la transmission à leur fille, et ainsi de génération en génération...

Le poids de nos mères

Les mères de la plupart des femmes d'aujourd'hui ne travaillaient pas, mais les standards auxquels ces dernières se mesurent restent les mêmes. Suivre le modèle maternel dans la société actuelle relève de l'acrobatie. Comment se conformer à cet exemple tout en assumant aussi ses huit heures quotidiennes de bureau ? Les femmes tentent l'impossible compromis = ressembler à leur mère dans sa fonction maternelle et s'en démarquer dans leur réalisation personnelle et/ou professionnelle.

Et puis... une mère, c'est quelqu'un de trop important dans une vie pour qu'on puisse en écarter l'image pour en choisir une autre.

« *Parfois quand je me comportais à l'opposé des attitudes de ma mère, je me disais "si ma mère me voyait...", et à cette simple évocation je sentais l'angoisse monter en moi.* »

Dans la quasi-totalité des cultures, la figure de la mère fait partie intégrante de l'identité féminine.

Les dernières décennies, apportant la contraception, et donc libérant la femme de la maternité obligatoire, ont amorcé un mouvement révolutionnaire dissociant les deux rôles. Aujourd'hui, être femme n'est pas immanquablement être mère. C'est surtout réaliser ses potentialités, que celles-ci s'actualisent par la maternité ou par toute autre forme de création ou d'expression.

Cependant, le modèle de la femme-mère a encore une telle force qu'il n'est pas du tout évident d'affirmer son identité féminine sans la fonction maternelle. *A contrario*, il n'est pas non plus facile d'être mère tout en se préoccupant d'autres formes de réalisation de soi.

Les jeunes femmes d'aujourd'hui sont confrontées à des modèles plus diversifiés que les générations précédentes ; on pourrait penser qu'elles sont du même coup plus libres de choisir ce qui leur convient le mieux.

Dans les faits, les choses ne sont pas si simples.

En effet, ce qui domine pour chacune, ce sont les modèles familiaux. La petite fille, on l'a vu en parcourant les étapes du développement, a besoin de s'identifier à sa mère dans l'espoir de devenir son égale. Or, devenir comme elle c'est bien avoir des enfants puisque cette femme l'a portée dans son ventre, elle, et peut-être ses frère(s) et/ou sœur(s). Devenue adulte à son tour, elle risque de se sentir incomplète si elle n'égale pas sa propre mère dans sa fécondité. D'autres paramètres entreront en ligne de compte dans son choix d'enfanter :

– le plaisir ou non que sa propre mère aura exprimé dans sa fonction maternelle. Si ce plaisir était absent ou trop mélangé d'éléments négatifs, ou insuffisamment manifesté pour que l'enfant le perçoive, la petite fille peut « décider » très précocement qu'elle n'aura pas de bébés parce que les enfants c'est trop de soucis, « ça mange la vie » comme disent certaines personnes. Le processus d'identification jouera alors à l'envers, devenant contre-identification ;

– l'épanouissement ou l'effacement de la personnalité de la femme qu'est sa mère incitera la petite fille à faire comme elle ou tout l'opposé ;

– la place occupée par chacun dans la relation triangulaire mère-père-fille avivera ou apaisera les rivalités.

Si une mère est heureuse dans sa vie de maman et

d'épouse, elle envoie à sa fille des messages positifs sur le statut de femme et le rôle maternel. Sinon elle peut transmettre :

– avoir des enfants est très contraignant ; on y perd toute sa liberté ; on n'a que des soucis et des ennuis, beaucoup de fatigue et de responsabilités ;

– la femme est de condition inférieure ; elle n'a pas les mêmes droits que l'homme ; elle n'a que des devoirs et ceux-ci sont essentiellement familiaux ; elle se doit de donner la priorité absolue à ses enfants, dût-elle en mourir. Pour être une bonne mère, il faut s'oublier soi-même et se sacrifier pour ses enfants ;

– quand une femme devient mère, elle ne peut plus être disponible pour son compagnon ; elle cesse d'être une amoureuse, et d'être aimée comme une amante ; elle ne peut plus avoir une vie sexuelle aussi libre et épanouie.

Et puis...

– Tu seras bien obligée de faire comme moi ; c'est cela être femme.

– Si tu ne me ressembles pas, si tu te permets de faire autrement que moi, je ne te reconnaîtrais plus comme ma fille.

– Faire mieux que moi, c'est me désavouer, me tuer en quelque sorte.

– Pour être une bonne mère il faut que tu te comportes comme moi et toutes les femmes de ma génération. C'est le prix à payer si tu veux rester dans notre clan et ainsi avoir la sécurité de notre approbation, gage de notre amour et de ta sécurité affective.

Dans ces conditions, s'opposer au modèle maternel demande à la fille une grande force, ou implique beaucoup de souffrance et de révolte. C'est pourquoi, malgré des attitudes apparemment non conformes au modèle, la jeune femme d'aujourd'hui risque de se mettre inconsciemment en échec pour donner raison à la voie(x) maternelle et/ou grand-maternelle puisqu'il s'agit de transmission transgénérationnelle.

Annie a été élevée par des parents ultra-conformistes, dans un milieu fermé. Les valeurs essentielles étaient le devoir, le travail, l'ordre (matériel et moral), le mépris du sexe. Des études faites chez les religieuses ont encore renforcé ce cadre déjà rigide. Annie se souvient combien elle a souffert de solitude, d'incompréhension, de manque de tendresse, et comment elle se sentait continuellement fautive devant ses parents et devant Dieu ; coupable de ce qu'elle faisait (rarement à la hauteur de la perfection qui lui était plus ou moins explicitement demandé) et de ce qu'elle ne faisait pas (les fameux péchés par omission par exemple). Toute son enfance, elle s'est répété à elle-même : « moi quand je serai grande, je ne serai jamais comme mes parents ! Je ferai tout ce que je veux ! et quand j'aurai des enfants, je ne les traiterai pas comme ça ! Je leur donnerai tout ce qu'ils veulent », et d'une manière beaucoup plus vague, ne pouvant encore mettre ce ressenti en mots, elle se sentait emplie de douceur, de tendresse, de chaleur en pensant à sa future nichée, comme si déjà elle se préparait à « compenser » ce qu'elle n'avait pas reçu. Elle imaginait alors un bonheur familial chaud et continu contrastant avec le désert affectif dans lequel elle avait été plongée.

Quand elle devint mère, elle avait bien sûr encore toutes ces idées dans la tête. La première naissance fut un grand bonheur. Annie s'est sentie complètement investie de la grave mission de tout faire pour que sa petite fille soit heureuse, et elle a cherché à lui épargner toute frustration : alimentation à la demande ; dans les bras au moindre pleur ; qui-vive permanent pour deviner les besoins du bébé... Malheureusement, cette extrême attention était tellement chargée d'inquiétudes qu'une tension se créait dans la relation. Annie, davantage guidée par son schéma de « bonne mère permissive » qu'à l'écoute des situations, ne pouvait que mal s'ajuster. Le bébé a réagi par des difficultés alimentaires et un retard dans l'installation du rythme veille-sommeil.

Mise en échec dans son projet de rendre son enfant heureux, pénétrée du sentiment de ne pas être « une bonne mère », Annie a donné raison à sa propre mère. Différemment certes, mais inéluctablement, elle a, elle aussi, rendu son bébé malheureux. D'autre part, elle s'est confirmée qu'une fois de plus, elle n'était pas à la hauteur (de son idéal). Quelle désillusion ! Et quelle souffrance !

Pour réparer cela, cette maman ne pouvait que chercher à apporter à son enfant davantage de gratifications de tous ordres, nourriture, jouets, distractions... Mais son esprit était tellement préoccupé, son corps était si tendu, que son bébé ne pouvait pas vraiment profiter de ces offres ; il ressentait surtout l'inadéquation de ce qui lui était proposé car son vrai besoin était d'être dans un climat de détente et de plaisir partagé. Sans s'en rendre compte consciemment, Annie était comme sa mère sur le registre du « devoir », prisonnière d'un schéma construit en réaction à sa propre éducation. Or tout système entrave la liberté, d'agir autant que de sentir, et fait écran à la spontanéité et au plaisir.

Deux mois après l'accouchement, Annie devait reprendre son travail. Elle y était contrainte par des exigences d'ordre matériel. D'autre part, l'évolution de ses idées concernant le statut de la femme lui avait fait prendre la décision consciente de ne pas négliger sa réalisation personnelle sous prétexte qu'elle était mère. C'était son acquis comme celui de toute sa génération ; elle s'était libérée de ces vieilles idées de sacrifice au profit de la maternité. Elle, elle réussirait les deux : être une bonne mère et une professionnelle reconnue. Mais son inquiétude maternelle lui faisait redouter terriblement ce moment. C'était imposer une frustration importante à sa petite fille, donc cela représentait un grave manquement au projet de ne pas la faire souffrir. Elle mit en place un système de garde avec beaucoup d'appréhension, devint de plus en plus nerveuse à mesure que l'échéance approchait. Le bébé devint nerveux lui aussi, et se sentant insécurisé par ce climat, donna des signes d'agitation ; les difficultés d'alimentation et de sommeil s'aggravèrent, amenant Annie à redouter d'autant plus de confier l'enfant à une autre personne.

Le jour J fut une catastrophe, peut-être pour la petite fille, mais sûrement pour la mère. Quand elle laissa son bébé en pleurs à la nourrice, elle se sentit bouleversée, imaginant pour l'avenir les pires conséquences, ne sachant plus quoi faire et si elle avait vraiment raison de vouloir continuer à travailler. Là encore, malgré ses positions consciemment opposées à celles de son éducation, aux prises avec la situation réelle elle donnait inconsciemment raison à sa propre mère, ressentant « dans ses tripes » qu'il est monstrueux de laisser son bébé, que le travail est incompatible avec la fonction maternelle, etc. Et la boucle était bouclée. Il faudra au moins une génération de plus et/ou un travail sur soi en profondeur pour que l'acquis intellectuel s'actualise dans le vécu.

À travers cette analyse succincte des effets de la culture par l'intermédiaire des modèles transgénérationnels, nous relevons une contradiction éclairant en partie le malaise des jeunes parents d'aujourd'hui. La tradition n'est plus officiellement la norme (et c'est fort heureusement pour nombre d'attitudes particulièrement néfastes), mais les parents de chaque petite fille et de chaque petit garçon restent des référents. Et ils le resteront toujours quelque soit le progrès de nos connaissances en psychologie. En effet, le développement affectif du petit d'homme se fait à travers l'histoire des liens qu'il tisse avec ses géniteurs.

La résolution heureuse de cette contradiction réside dans une prise de conscience de plus en plus approfondie des influences avec lesquelles nous avons bâti notre moi.

Aussi, la connaissance de soi représente la meilleure garantie pour devenir une mère « suffisamment bonne » à l'écoute des besoins de son enfant.

Exercices :

• Quels messages avez-vous reçus de vos parents sur le rôle de la femme, la fonction de mère ?

- ***Messages directs :***
- ***Messages indirects (comment fonctionnait le couple de vos parents, votre mère vous semblait-elle heureuse ?) :***

• Votre enfant vous énerve trop ? Identifiez : réagissez-vous...

- ***par rapport à un « il faut » parental qui vous a vous-même été imposé dans l'enfance ?***
- ***par culpabilité ?***
- ***par peur de perdre le pouvoir sur lui ?***
- ***par déplacement d'une colère contre votre conjoint, patron... ?***
- ***autre ?***

Que pouvez-vous lui dire maintenant ?

8.

L'histoire des femmes

Le statut de la femme d'aujourd'hui s'est élaboré sur l'héritage des siècles passés.

La charge des tâches domestiques, du service du mari et des soins aux enfants incombe aux femmes depuis des millénaires. Pourtant, sauf lors de brèves périodes, exceptionnelles au regard de l'histoire, elles ont toujours travaillé autant, sinon davantage que les hommes. Dans les champs, les fermes, les villages et les villes, elles ont été cultivatrices et métallurgistes, manœuvres dans le bâtiment et ouvrières dans l'artisanat, servantes mais aussi gynécologues, docteurs en obstétrique, commerçantes, copistes ou écrivains... Mais de mémoire d'humain, les hommes ont occupé le pouvoir, leur ont coupé la parole, ont régimenté leurs droits.

L'archéologie nous laisse pourtant pressentir l'existence d'une autre forme d'organisation. Quelques indices permettent en effet de faire l'hypothèse de sociétés matristiques anciennes, dans lesquelles hommes et femmes auraient collaboré à la vie quotidienne et à l'administration des clans de façon égalitaire.

Cette harmonie (on ne trouve pas trace de violence de l'homme sur l'homme à ces époques, la guerre n'est née que plus tard) s'est rompue à l'avènement de la charrue. La culture des terres, auparavant dévolue aux femmes, est devenue activité masculine avec ce nouvel outil.

La charrue a introduit la possibilité de cultiver un plus grand domaine et a donc sédentarisé les familles. La notion de propriété est née rapidement.

Qui dit propriété individuelle dit aussi transmission de celle-ci par héritage. Et là tout se complique. Car si les femmes savent sans ambiguité qu'elles sont les mères, les hommes eux n'ont aucun moyen de prouver leur paternité. Certaines sociétés sont restées matrilinéaires, la transmission du nom et de l'héritage se fait de mère en fille (avec selon les sociétés un pouvoir plus ou moins grand des oncles maternels, frères de la mère). Pour un lignage de père en fils, il a fallu inventer le mariage de façon à s'assurer la fidélité absolue des femmes à un seul homme.

Aux débuts de cette institution et jusqu'au XIe siècle, seule la femme était contrainte par ce lien à la fidélité. Le message est clair : « Les enfants appartiennent au père et la femme appartient à son mari. »

Le patriarcat était né. Par la voix des prêtres et des gouvernants, celui-ci n'a ensuite cessé de commander aux femmes de renier leur individualité, d'étouffer leurs désirs et de se soumettre à l'autorité mâle. Hors du mariage ou de l'entrée en religion (le mariage avec le Christ), point de salut. C'était ainsi et même la loi le soulignait, les femmes étaient soumises à l'autorité de l'homme, qu'il soit père, frère ou mari. Elles n'avaient guère de droits et de nombreux devoirs.

Le libre consentement au mariage ne sera requis qu'au XIIe siècle... Et le « oui » continuera encore longtemps d'être extorqué à la femme par une implacable pression familiale et culturelle.

Il est paradoxal de voir aujourd'hui le mariage plus souvent attendu et recherché par les femmes que par les hommes. Elles rêvent d'y trouver l'amour, et surtout la certitude d'une épaule sur laquelle s'appuyer. Elles occultent que dans la grande majorité des cas, cette promesse de sécurité les rendront servantes. Car c'est elles qui porteront l'homme et la maison sur leur dos. Des millions de femmes ont lâché leur travail et leur autonomie financière pour se marier, préférant la sécurité du mariage à l'insécurité de l'emploi. Quand on a perdu toute confiance en soi au cours des millénaires, il peut paraître moins risqué de rester au foyer que de se confronter au monde du travail.

Pourtant les femmes se sont progressivement libérées de la tutelle de leurs pères et maris ; beaucoup d'entre elles ont conquis leur autonomie financière et se réalisent dans un métier. En 1994, quatre-vingt-huit pour cent d'entre elles travaillent.

Mais marquées par une longue histoire de soumission au mâle et à leur fonction de mère, les femmes manifestent, aujourd'hui encore et malgré les acquis du féminisme, des réflexes de dépendance. Au premier rang parmi ceux-ci, la culpabilité qui les étreint dès qu'elles font preuve d'un peu trop de distance vis-à-vis de leurs tâches traditionnelles.

L'histoire des femmes n'est pas linéaire. Des périodes de libération relative alternent avec d'autres où la répression masculine est plus marquée.

Au IXe, Xe siècle, nombre de femmes nobles ou religieuses reçoivent une éducation assez poussée dans des écoles de jeunes filles ou mixtes (ce n'est qu'au milieu du XIVe siècle que la séparation des filles et des garçons sera décrétée). Les célibataires sont nombreuses, certaines occupent des postes d'autorité (politique, économique ou religieuse), elles sont érudites et artistes, participent à la vie sociale de l'époque.

À la fin du Moyen Âge, les femmes appartenant à la bourgeoisie urbaine étaient loin d'être exclusivement ou même essentiellement des femmes au foyer. Elles travaillaient dans les entreprises familiales artisanales, filaient et tissaient pour le marché, brassaient la bière, préparaient les aliments destinés à la vente, tenaient les échoppes, opéraient et accouchaient les femmes.

Lorsqu'elles gagnaient davantage à l'extérieur qu'en travaillant chez elles, elles n'hésitaient pas à confier les travaux ménagers à d'autres contre rémunération. Même la grossesse et la naissance leur prenaient moins de temps qu'aujourd'hui. Nourrices et bonnes d'enfant, frères et sœurs plus âgés, ou membres de la famille restés célibataires assumaient les tâches de garde et les fonctions nourricières.

Les femmes se chargeaient souvent de travaux très durs, dont certains sont aujourd'hui devenus typiquement masculins comme les métiers du bâtiment. Embauchées comme manœuvres ou pour la fabrication du mortier, la couverture des toits ou le travail du verre, elles constituaient de la main-d'œuvre bon marché.

À travail égal, dans presque tous les secteurs, depuis presque toujours (c'est-à-dire depuis la charrue) et encore aujourd'hui, les femmes sont nettement moins payées que leurs homologues masculins. Étant donné qu'elles sont officiellement sous la protection de leur mari, que celui-ci leur doit hébergement et fournit le minimum vital, leur salaire est considéré comme un simple appoint aux revenus de la famille. Il est donc « normal » qu'il n'atteigne pas, même à travail égal, celui des hommes.

Elles étaient le plus souvent maintenues dans des postes subalternes. Dans le bâtiment, elles ne pouvaient accéder à une formation suffisante pour devenir maître de métier ainsi qu'elles en avaient pourtant la possibilité dans d'autres corporations (à condition toutefois d'être veuve ou fille de maîtres).

Le « combat pour la culotte » comme disent les hommes commence au Moyen Âge. Les femmes prennent une importance économique croissante malgré le maintien de l'hégémonie masculine juridique et sociale.

Tout ceci sans oublier que dans la conception médiévale du monde, donner le jour à des enfants et les élever était considéré comme un des devoirs majeurs, comme « le métier » des femmes mariées. Conception toute théorique, car depuis le XIIe siècle, les enfants sont de moins en moins présents à la maison, tout au moins dans la noblesse. Ce ne sont plus les mères, mais les nourrices qui s'occupent alors des tout petits.

La fin du Moyen Âge sera un temps d'hostilité croissante envers les femmes. Les réglementations limitent de plus en plus leur accès aux professions dans lesquelles elles peuvent concurrencer les hommes : « conformément à la règle, aucune personne de sexe féminin ne doit exercer d'activité artisanale, même si elle s'y entend aussi bien qu'une personne de sexe masculin » stipule un exposé sur le droit de l'artisanat publié en 1688. C'est l'éviction définitive et sans équivoque des femmes de l'artisanat médiéval. Interdiction est faite de former des femmes à ces métiers : « Une jeune fille est destinée au mariage, et on ne peut pas savoir qui elle épousera ; or une cordonnière bien formée sera inutile au forgeron », trouve-t-on dans le même traité.

Dans les villes au XIVe siècle, le pourcentage de gens mariés était seulement de 35 % environ. À la campagne, qui affichait un taux traditionnellement plus élevé, on n'atteignait jamais plus de 55 %. Les célibataires étaient donc fort nombreuses. Beaucoup vivaient dans les couvents ; d'autres choisissaient de vivre seules, menant une vie sainte autour des églises. D'autres encore, plongées dans la misère, ne trouvaient recours que dans la prostitution, qui ne leur rapportait pourtant à l'époque que des revenus très faibles, malgré l'imagerie commune du lucre associé à la luxure supposée de ces femmes.

Les limitations posées au travail rémunéré des femmes n'ont fait qu'aggraver leur appauvrissement dans ce monde d'hommes.

En France et en Angleterre, en réaction à la grossièreté des hommes de la cour d'Henri IV et de ceux de la Fronde (1648-1652), naît le mouvement des précieuses. Appartenant aux classes dominantes, et n'assumant donc pas de charges domestiques ou maternelles, plus libres que les autres, elles réfléchissent à la condition féminine et se mettent à militer. Les précieuses revendiquent le droit des femmes à la dignité et à l'ascension sociale ; elles réclament le droit au savoir et attaquent le mariage. C'est un nouvel idéal de femme qu'elles proposent.

Elles sont ridiculisées. C'est pourtant grâce à elles que nous sommes ce que nous sommes aujourd'hui. La résistance et les moqueries dont elles ont été les objets sont les signes même de leur influence. Au siècle suivant, on a vu nettement progresser les valeurs féminines.

Et puis c'est 1789 : « Tous les humains sont déclarés libres et égaux en droits. » Tous ? Oui, mais pas encore toutes. On ne veut pas instaurer une « rivalité stupide » entre l'homme et la femme et la Convention refuse aux femmes leurs droits de citoyennes. Après avoir largement participé à la Révolution dans la rue, elles sont exclues des débats et rappelées dans leurs foyers, leur place « naturelle ». Leurs devoirs de soumission leur sont rappelés : « Le mari doit protection à sa femme, la femme obéissance à son mari » dit l'art. 213 du Code civil.

« L'exclusion d'un grand nombre de femmes de l'artisanat, de la production et de l'industrie est un phénomène spécifique au XIXe siècle bourgeois. L'exercice d'une activité professionnelle par les femmes doit être considéré comme la norme dans l'économie des siècles précédents » rappelle Claudia Opitz (*Histoire des femmes*, tome 2, p. 305).

Mais un peu plus tard, grâce à l'idéologie républicaine, l'éducation des filles deviendra réalité ; elles accéderont aux fonctions de professeurs, doctoresses, avocates, journalistes, et réclameront leurs droits de citoyennes à part entière ; elles gagneront enfin la libre disposition de leur salaire et demanderont (mais n'obtiendront pas) « à travail égal, salaire égal ».

Malgré Condorcet qui eut la naïveté de penser que l'inégalité de droits entre les hommes et les femmes ne pourrait se maintenir parce qu'aucun raisonnement ne la justifiait, elle continuera d'être jusqu'à la fin du XXe siècle.

Les hommes ont peur de ces femmes qui veulent se libérer de leur tutelle « naturelle ». « Toutes les femmes émancipées sont de mauvaises mères, la femme est proche de l'animal et du nègre » : « elle est portée par ses instincts primitifs, jalousie, vanité, cruauté. Mais comme elle a une âme enfantine et que la nature l'a dotée de l'instinct maternel (qu'elle partage d'ailleurs avec toutes les femelles mammifères), sa seule véritable vocation est la maternité » dit le *Traité sur l'imbécillité physiologique de la femme* du Dr Paul Julius Mœbius, un best-seller de 1900 (cité par É. Badinter, *XY*, p. 35)

Ce qui frappe, tout au long de l'histoire, c'est l'immense fossé qui sépare l'image de la réalité. Dans les écrits comme dans les arts, la mère au foyer est omniprésente. Le travail des femmes est occulté dans l'iconographie. « Du début à la fin du (XIXe) siècle, l'activité féminine la plus représentée fut la couture. Celle-ci était beaucoup plus associée au sexe qu'au milieu social, et procurait ainsi une image du labeur des femmes qui évitait toute controverse sur les différences sociales et économiques comme sur le travail industriel, privilégiant un modèle consensuel. Lorsqu'on voulait représenter les ouvrières, on les montrait le plus souvent dans leur cuisine, occupées à des tâches domestiques rassurantes, comme la préparation des repas ou la couture » note Anne Higonnet (« Femmes et images : représentations » in *Histoire des femmes*, tome 4, p. 313).

Il aura fallu la loi Falloux en 1850, puis la loi Duruy en 1867 pour que toute commune de plus de 500 habitants soit obligée d'ouvrir une école de filles. Et il faudra encore attendre jusqu'en 1925 pour que soit proclamée l'identité des enseignements entre filles et garçons. Le XXe siècle voit enfin se généraliser l'instruction. En 1900, on comptait 624 étudiantes contre 27 000 étudiants sur toute la France. En 1990 l'effectif des étudiantes dépasse celui des étudiants de 70 000 ! Aujourd'hui, et dès la maternelle, elles sont plus nombreuses à réussir. Tout au long de leur scolarité et jusqu'au baccalauréat, elles obtiennent des résultats légèrement meilleurs que les garçons. 82 % des filles ont leur bac contre seulement 77,7 % du côté des garçons. Et la tendance se poursuit ensuite dans l'enseignement supérieur. Cette supériorité des filles s'observe dans toutes les classes sociales...

des pays riches (sauf dans certains pays particulièrement sexistes).

Partout où l'on offre aux filles une relative égalité des chances, elles dépassent les garçons.

La justice entre les sexes progresse ; on la croit acquise en France, mais l'œil attentif décèle bien vite que filières scientifiques et classes préparatoires aux grandes écoles restent l'apanage des garçons. 55 % de filles entrent en classe de seconde, et seulement 35 % sont orientées en section S. Les filles réussissent moins bien en maths ? Ce n'est vrai que dans les classes mixtes. Hors de la présence inhibante des garçons, et donc de la répartition inconsciente mais puissante des attributions traditionnelles, les filles réussissent plutôt mieux que les garçons, même en mathématiques.

Obtenir un diplôme n'est pas le tout, encore faut-il l'utiliser. En 1962 près de la moitié des femmes titulaires d'un diplôme d'enseignement supérieur et âgées de moins de quarante ans n'exerçaient aucune profession. Aujourd'hui, elles sont actives à 78 %.

Contrairement à l'idée reçue d'une moindre autonomie des filles, celles-ci ont toujours quitté leur famille d'origine plus tôt que les garçons. En 2006, 55,3 % des filles de 20 à 24 ans vivent encore chez leurs parents contre 65,2 % des garçons ! La société leur est pourtant moins favorable qu'à leurs homologues masculins. Il y a davantage d'étudiantes que d'étudiants et le taux de chômage féminin est nettement plus élevé.

Dans les conversations d'aujourd'hui, le féminisme est souvent connoté négativement. Le « Tu es féministe ? » lancé avec une pointe de mépris ou de moquerie en dit long. Et pourtant, regardons ce que nous devons à ces femmes qui ont osé prendre conscience de leur situation et parler. Le monde n'est tout simplement plus le même. Leurs revendications étaient-elles si excessives que cela ? Quand on se penche un instant sur l'histoire des femmes, celles-ci paraissent même bien peu virulentes. Les militantes ont brisé le silence dans lequel se perpétuait une oppression dont on oublie la violence.

Aujourd'hui encore, malgré la conscience, l'évolution des mentalités, et même la loi, dans tous les secteurs, à qualification et ancienneté égales, les salaires des hommes continuent d'être supérieurs à ceux des femmes. Dans l'industrie, on note des écarts de 11 % chez les manœuvres, de 24 % chez les cadres et jusqu'à 48 % chez les cadres supérieurs ! Un homme et une femme de même ancienneté, tous deux sortis d'une grande école, sont au même poste ? Elle ne touche que 82 % du salaire masculin. Côté promotions, les femmes sont souvent ralenties dans leurs aspirations. Et elles continuent, en sus de leur activité professionnelle, à assumer la quasi-totalité des tâches ménagères ainsi que les soins aux enfants.

Le « métier de femme » a consisté de tous temps à nourrir, laver, bercer, élever les enfants qu'elle porte mais aussi à préparer les aliments pour toute la maisonnée, entretenir le feu, approvisionner le foyer en bois et en eau potable, confectionner le pain, de la mouture du grain à la sortie du four, nettoyer la vaisselle, le linge, la maison et... épouiller et laver les hommes. Et tout cela même quand elle doit contribuer aux ressources du foyer par un travail rémunéré. Elle est au service de la famille à laquelle elle appartient par naissance, mariage ou servitude.

Devons-nous continuer ? Nous sommes aujourd'hui libérées des grossesses à répétition par la contraception. Être mère est enfin un choix et non plus une obligation pour assurer une descendance à son mari.

Le devoir d'une mère reste certes d'accompagner son enfant jusqu'à sa vie d'adulte. Elle se doit donc bien sûr de lui fournir satisfaction de ses besoins de base : nourriture, protection et amour, ainsi que de favoriser la construction de son autonomie. Mais elle n'est pas seule à pouvoir assumer ces fonctions, et elle a par ailleurs d'autres aspirations à satisfaire. La doctrine de la femme au foyer la cantonne dans un univers limité et peu valorisant, ce qui sert le pouvoir masculin depuis des centaines d'années ; rien n'indique que ce soit pour le bien des mères et des enfants, au contraire ! Une mère, c'est aussi une femme qui doit proposer un modèle positif d'identification aidant les jeunes à s'insérer dans la société. Pour les filles comme pour les fils, leur maman est la première image féminine.

On a glorifié pendant des siècles le dévouement de la mère pour mieux l'enfermer et lui refuser toute dignité. Corvéable à merci, on a sans cesse bafoué ses droits les plus élémentaires. Il est paradoxal d'entendre tous ces discours sur le respect dû aux mères parallèlement à l'exploitation dont elles ont fait l'objet au cours des siècles. Mais il fallait bien trouver le moyen de cantonner les femmes là où elles étaient le moins dangereuses et les plus utiles pour le pouvoir mâle... dans la maternité.

Les femmes d'aujourd'hui ne sont pas obligées de continuer à porter le poids d'une culture culpabilisante. Elles ont au contraire la tâche, combien stimulante, d'affirmer leur identité et de participer, pour elles-mêmes et leurs filles, à la construction d'un monde dans lequel égalité et justice seront des valeurs prioritaires.

9.

Comment se déculpabiliser

Au gré des chapitres précédents, nous avons vu que le sentiment de culpabilité des mères prenait racine ailleurs que dans une réalité de manque ou de faute. Nous l'héritons de notre passé. Il est issu de la soumission millénaire de la femme, imprimé en nous par notre éducation et entretenu par notre milieu culturel. Il est retournement contre soi de la colère contre les parents, les hommes, la société... Comment nous en débarrasser ?

Dans le processus de déculpabilisation on peut identifier cinq points :

1. Tenir compte des faits réels et objectifs
2. Écouter l'autre
3. Parler de soi, raconter sa propre histoire
4. Reconnaître et exprimer ses émotions, notamment la colère
5. Guérir son enfance ; remettre en question son éducation, sa culture ; retrouver son authenticité par la mise à jour des sentiments enfouis.

Évaluer la réalité

Quand une mère éprouve de la culpabilité, il est opportun qu'elle se pose d'emblée la question : dans la réalité des faits, de quoi suis-je vraiment responsable ?

Toutes les difficultés rencontrées ne sont pas imputables à une seule personne, à un facteur unique. Quand se manifeste le réflexe de culpabilisation, il est urgent de le bloquer et de considérer les choses avec quelque distance. Avant d'incriminer son métier, on se doit d'analyser l'ensemble de la situation, la replacer dans son contexte et envisager la part de responsabilité de chacun des protagonistes (père, grand-parents, enseignants, frères et sœurs...).

Rappelons-nous que lorsque les enfants se plaignent de la non-disponibilité de leur mère, ils utilisent un argument facile qui a le don de taper juste et de mobiliser l'écoute de maman. Ils disent cela non pas forcément parce que c'est vrai mais parce que ça marche ! Ils obtiennent alors de l'attention. Ce reproche est certes l'expression d'un manque mais pas obligatoirement celui qu'ils annoncent. La revendication exprimée peut tenter de dire l'existence d'un malaise dans le système familial, la jalousie fraternelle, la timidité à l'école... bref toute la souffrance. Pourquoi les enfants ne formulent-ils pas leurs sentiments plus directement ? Eh bien parce qu'ils ne savent pas toujours mettre des mots sur ce qu'ils vivent, parce qu'il y a des choses pas faciles à dire, qu'ils peuvent ne pas oser mettre en cause quelqu'un de la famille, et aussi peut-être qu'ils ne sont pas bien certains que vous les écouteriez...

Depuis quelques semaines, Julien fait des cauchemars ; il se réveille en sueur et pleure : « je veux pas que tu me laisses » ; tous les matins, il rechigne à laisser partir sa mère. Nathalie ne sait que faire, elle est tiraillée. Elle sent confusément qu'elle devrait rester à la maison. Sa belle-mère la culpabilise « vous voyez bien qu'on ne peut pas mener de front une carrière et un enfant ; il faut choisir, ma petite ». Et pourtant... Le problème de Julien n'a rien à voir avec la profession de sa maman. La grand-mère qu'il aimait beaucoup est décédée récemment, et « pour ne pas le faire souffrir » on ne le lui a annoncé que quelques semaines plus tard quand il a désiré aller la voir. Julien est angoissé par l'idée de la mort. Il ne peut mettre de mots sur l'absence de sa mamie et maîtriser son anxiété tant que personne n'ose lui en parler franchement et directement.

Tenir compte de la réalité implique de se souvenir du caractère multifactoriel de toute causalité. Prendre en charge la totalité d'une problématique est non seulement lourd pour nos épaules, mais inutile et inadéquat. On ne peut résoudre une difficulté sans identifier les différents éléments en jeu.

Même lorsque les apparences sont contre le travail de la mère, il est indiqué d'y regarder de plus près.

Les statistiques montrent il est vrai que nombre d'enfants à problèmes et de délinquants juvéniles sont issus de familles désunies. La mère se retrouvant seule ou peu soutenue doit gagner sa vie, parfois durement. Toutefois le climat éducatif, les relations conflictuelles et/ou le désinvestissement paternel sont probablement plus directement en relation avec les difficultés du jeune que l'activité professionnelle maternelle.

De nombreux pères divorcés ne voient plus leurs enfants après la séparation, ou très épisodiquement, à moins qu'ils n'utilisent les gosses comme enjeu, en plaçant ceux-ci au cœur du conflit conjugal.

Les enfants taggent dans le métro, volent ou se battent parce que leur environnement affectif est pauvre et le dialogue avec les adultes inexistant, et non en raison du métier de leur mère.

Les problèmes scolaires sont parfois dus à un blocage contre un professeur trop dur ou une petite phrase prononcée par le grand frère et il n'est pas justifié de les mettre en rapport avec la non-surveillance des devoirs par maman.

Il arrive que la responsabilité de la mère soit engagée dans les difficultés de l'enfant. Quelque chose fait obstacle dans la relation. Mais hormis des horaires démentiels et un stress intense, son activité professionnelle sera rarement la cause du litige.

Écouter vraiment l'enfant

Pour apprécier la situation et faire le tri entre nos projections et la réalité, écoutons l'enfant. Il sait ce qui lui fait réellement problème. Cessons de nourrir nos fantasmes et prêtons l'oreille à son vécu. Si Nathalie avait écouté Julien, elle aurait compris que derrière ses suppliques se dissimulait non une mise en cause de ses absences mais la terreur et l'incompréhension liées à la disparition de sa mamie.

Écouter signifie s'arrêter un peu et prendre le temps nécessaire pour que l'autre trouve ses formulations.

Martine confie : « *Je manageais la famille. Tout en étant très préoccupée de mes enfants, je n'étais pas à l'écoute, je n'avais pas le temps. J'avais l'impression d'être dans une dynamique de survie familiale et non pas de vie. Mon objectif était de faire le plus de choses possibles dans le temps minimum, et surtout consoler et faire que les petits chéris ne souffrent pas. J'étais mal quand ils étaient mal, donc j'essayais tout de suite de trouver une solution, de donner un réconfort ; je ne laissais pas le temps nécessaire à l'expression.* »

À première vue, il semble justifié de vouloir trouver une issue au mal-être d'un enfant pour le consoler au plus vite. Mais se précipiter ainsi ne nous laisse pas le temps de saisir toutes les composantes de son problème. Outre que nous prenons le risque d'être à côté de la plaque, il n'apprendra pas à identifier les causes de ses malheurs. Celles-ci sont rarement évidentes d'emblée pour un petit et il se sent impuissant devant ce qui lui arrive de pénible. Certes, un câlin calme à peu près toutes les détresses. Quand maman prend les choses en main avec détermination, l'enfant est rasséréné par le simple fait qu'elle s'occupe de lui. Mais il n'aura rien appris quant à la résolution de la difficulté en question, et restera dépendant de l'entourage.

« *J'étais mal quand ils étaient mal* », dit Martine. Quand un petit se blesse, est triste, a peur..., souffrir « pour lui » ne l'aide pas, bien au contraire. Il n'a pas besoin que nous soyons contaminés par sa souffrance mais de trouver quelqu'un de solide, tranquille en face de lui, attentif à son vécu, qui selon les cas lui indique le chemin pour comprendre ce qui se passe en lui, l'aide à décharger ses tensions, à exprimer ses émotions ou à trouver une issue à ses difficultés.

Rester serein devant les pleurs d'un enfant n'est pas facile, mais consoler trop vite sert surtout à rassurer l'adulte. Mais... si je n'ai pas mal quand il a mal, ne suis-je pas une mère indigne ? Lorsque la mère se laisse bouleverser par les sanglots de son bébé, elle cherche à les faire cesser au plus vite. Cette conduite ne lui donne pas l'opportunité d'évaluer ce dont son enfant a réellement besoin.

Le mécanisme de projection, déjà vu dans le sous-chapitre « Projections et résurgences de son enfance » (p. 102) est singulièrement à l'œuvre dans la relation à nos enfants et il constitue un piège redoutable. Un petit ne raisonne pas comme un adulte. Son univers est complètement différent du nôtre. Sa pensée est encore immature et ses affects sont souvent mêlés, confus. Gardons-nous donc d'interpréter trop vite ses réactions ou ses assertions.

La première précaution à prendre pour apprécier avec justesse une situation relationnelle et y réagir convenablement, est de vérifier le vécu de l'autre. Cela paraît l'évidence, mais chacun de nous a sa perception et croit volontiers que c'est la seule possible. De ce fait, nous sommes persuadés que l'autre pense comme nous, ressent ce que nous éprouvons, souhaite ce que nous voulons. C'est loin d'être le cas le plus fréquent.

L'étape liminaire consiste à éviter d'imposer notre

vérité à l'autre ; le temps suivant, de se mettre en réceptivité.

Mais comment écouter un nourrisson qui ne parle pas encore ?

Si un bébé n'use pas de mots, il a cependant un langage. Ses mimiques, la tonalité et l'intensité de ses cris, ses gestes, sa tonicité nous renseignent sur ce qu'il vit pour peu que nous prenions la peine de ne pas interpréter à partir de nos présupposés : « il a faim », « il est fatigué », « il fait ses dents »...

Un enfant qui maîtrise l'usage de la parole n'est pas pour autant facile à comprendre. Demander de but en blanc à un mouflet de cinq ans en larmes : « qu'est-ce que tu as ? », « quel est le problème ? », ou « pourquoi tu fais ça ? » ne sera probablement pas suivi d'une réponse éclairante. Car à vrai dire, il ne sait pas bien lui-même. Il lui faudra l'aide de l'adulte pour formuler les choses.

Un enfant interrogé sur son comportement donnera peut-être une explication. Mais les premières motivations annoncées ne sont pas forcément les plus essentielles. Elles ne seront parfois même pas réelles, entraînant les tentatives de compréhension du parent sur une voie de garage. Ce n'est pas mensonge de la part d'un petit, mais la conséquence de son immaturité psychique. Il ne peut se représenter tous les éléments d'une situation ; il a du mal à ordonner les événements, à les relier entre eux, à se situer dans le temps. Il ne sait pas encore évoluer dans l'abstraction, faire des hypothèses et des déductions. Il raisonne à partir de l'ici maintenant, dans une pensée dite prélogique.

Il n'est pas simple de discerner au-delà des mots ce

qu'un enfant veut signifier et nous avons un véritable travail de décodage à effectuer. Quelques techniques seront détaillées dans le chapitre 11, « Une vraie communication ».

Se mettre à l'écoute de l'enfant permet de saisir la complexité de son vécu intérieur. Cette simple exploration évitera à la mère de s'engouffrer dans une culpabilité injustifiée.

Parler de soi à l'enfant

On méconnaît trop facilement l'impact de notre inconscient sur nos enfants. Ils portent le poids de nos tensions, de nos émotions refoulées, de nos manques. Ils les actualisent en direct ou réagissent à leur façon.

Il n'est pas rare qu'une colère intense de Bruno soit en fait la résultante de la révolte de papa... contre son patron par exemple. Si le père ramène du bureau tout un stock d'émotions réprimées, son gamin peut les reprendre à son compte. Ce soir-là, la moindre frustration suscitera alors des cris de rage chez Bruno. Provoquant la colère de son père, il lui permettra de décharger ses tensions !

La tristesse envahissante de Géraldine peut bien être le reflet du vague à l'âme de sa mère qui vient de quitter son amant. N'en ayant rien dit à personne, elle ne s'autorise pas à se montrer ouvertement triste. Géraldine ressent les émotions maternelles et prend en charge leur expression.

Le petit perçoit de façon intense l'état émotionnel de son entourage et il y répond à sa manière. Le mal-être qu'il exprime alors est en relation avec les tensions et affects de ceux qui s'occupent de lui. Si rien n'est exprimé, chacun reste prisonnier d'un malaise indéfinissable, d'une angoisse diffuse.

Dire à l'enfant ce que nous pensons, éprouvons, est bénéfique car cela l'aide à se dégager d'affects qui ne le concernent pas. Même un nourrisson est sensible à cette parole de vérité, d'autant plus que cette mise au point détend les parents et leur permet d'installer à nouveau un climat de sécurité affective. Si papa avait raconté à Bruno sa journée, s'il avait reconnu et partagé sa colère contre son patron, Bruno n'aurait pas eu besoin de se donner ce rôle d'enfant rebelle et râleur ce soir-là. Si la mère de Géraldine avait partagé sa tristesse avec sa fille, elle ne l'aurait pas obligée à s'enfermer dans ces sentiments de désespoir sans contours.

Pour l'enfant, les bénéfices sont indéniables. Entendre sa mère parler d'elle donne des repères et une possibilité de distanciation. Il peut être proche de sa mère tout en se rendant plus autonome, la comprendre sans se sentir obligé de la protéger. Les situations même douloureuses sont plus faciles à vivre pour chacun si elles ont été mises en mots. La parole permet le partage, restaure le lien d'amour.

Raconter sa propre histoire aide à expliquer les pourquoi de nos accès de colère, de peur ou de tristesse, à comprendre que tout cela n'a guère à voir avec le moment présent.

Stéphanie a trois ans. Elle n'aime pas l'école ; tous les matins à l'instant de la fatidique séparation elle est prise d'une véritable panique. Elle souffre d'une angoisse d'abandon que sa mère, Lucille, ne comprend pas. Elle a beau répéter à Stéphanie qu'elle ne l'abandonnera jamais, cette réassurance ne semble pas avoir de poids. Sa fille n'a pourtant vécu aucune expérience de séparation forcée qui aurait pu expliquer une telle réactivation émotionnelle.

Lors d'un travail thérapeutique, Lucille se rend compte que si Stéphanie n'a aucune raison d'avoir peur de l'abandon, elle-même en a. Enfant, elle a connu le doute quant à l'attachement de ses parents. Elle n'était pas sûre que ses parents ne l'abandonneraient jamais.

Forte de cette prise de conscience, elle a pu parler de son histoire à Stéphanie. Elle a partagé ses sentiments enfantins de terreur et lui en a expliqué les raisons. L'enfant a écouté attentivement. Le lendemain matin, elle a pleuré encore plus fort que d'habitude, ainsi que le surlendemain. Mais le matin du troisième jour, elle a regardé sa mère bien dans les yeux et lui a annoncé : « je te la rends ta peur, maman ». Puis elle est partie à l'école sans une larme. Lucille, par un court travail thérapeutique, avait guéri son sentiment d'abandon, en guérissant du même coup sa petite fille.

Jusque-là Lucille n'avait pas osé parler de sa douloureuse enfance à Stéphanie, de peur de la perturber. Et pourtant toutes deux sont sorties grandies de l'expérience et ont approfondi leur relation de confiance.

Reconnaître ses émotions ; exprimer sa colère, poser des limites

Après l'évaluation de la réalité, si le sentiment de culpabilité persiste, nous avons besoin de regarder de plus près dans notre registre émotionnel. Sachant que se faire des reproches est une manière de se défendre d'accuser les autres, il est judicieux de se demander : ai-je une raison d'en vouloir à quelqu'un ? Une personne précise surgira probablement dans notre esprit. En osant reconnaître la colère et l'exprimer dès que possible, les auto-reproches se dissiperont.

Le soir Marjorie, deux ans, ne veut pas manger. Françoise, sa mère, se culpabilise en pensant que c'est à cause de son énervement. Elle est seule dans la cuisine avec sa fille ; elle est éreintée par sa journée de travail et en veut à son mari d'être affalé devant la télé. Elle sait qu'après avoir fait manger Marjorie, elle aura encore d'autres tâches devant elle alors que lui continuera de se reposer puisqu'il est « épuisé ». Et le pire c'est que chaque soir, les choses se passent de la même manière. Nerveuse, les yeux sur la montre, elle fourre la cuiller dans la bouche de Marjorie qui refuse de manger seule. Celle-ci se met à pleurer. Françoise est de plus en plus désemparée et se dit que décidément elle ne sait pas s'y prendre avec sa fille.

Reprenons le déroulement des faits : quand Françoise s'assied dans la cuisine devant sa fille, la révolte contre Didier gronde en elle. Mais n'osant rien dire, elle se concentre sur la nourriture, la cuiller et la bouche du bébé. L'effort demandé pour contenir sa colère contribue à épuiser son énergie. Marjorie, sensible au climat de tension, cherche avec ses moyens à susciter l'attention maternelle et elle fait des « caprices ». Son comportement augmente l'agacement de sa mère, et le cercle vicieux s'installe. La colère contre Didier s'est graduellement muée en énervement contre Marjorie puis en culpabilité : « je ne sais pas m'y prendre avec cette enfant ».

Pour se déculpabiliser, Françoise doit se mettre en contact avec la véritable cause de son malaise et prendre conscience de sa colère. En l'exprimant à son compagnon elle se libérera des tensions qui l'épuisent. Se confronter à son mari l'amènera à réaliser que les difficultés rencontrées avec Marjorie ne sont pas liées à son incompétence de mère mais bien plutôt à sa situation conjugale. Devant Marjorie en sanglots, elle éprouve un sentiment d'injustice puisqu'elle fait « tout » pour elle. Cependant, au fond d'elle-même, c'est la relation à Didier qui la fait souffrir et éveille sa colère.

Caroline se fait des reproches parce que son fils a ramené des poux de la crèche et elle n'a pas encore réussi à les éliminer. C'est déjà un incident désagréable mais s'y ajoutent les paroles entendues ce dimanche chez ses parents. Sa mère, femme parfaite, n'a cessé de la rabaisser, de la dévaloriser, insinuant que si son petit-fils avait attrapé ces petites bêtes ça ne pouvait être que par négligence..., le sous-entendu étant évident : une bonne mère ne peut pas être à la fois au bureau et à la maison, n'est-ce pas ?

Caroline n'a pas osé protester. Dire avec détermination à sa mère : « Je ne suis plus une petite fille ; je n'accepte plus de ne pas être reconnue pour moi-même et de t'entendre me faire des reproches » permettrait à Caroline de prendre la responsabilité de son choix de vie sans le remettre en question au moindre incident.

Il est important de confronter chaque parole blessante, chaque insinuation douloureuse, qu'elle vienne d'un ami, de son compagnon ou de ses propres parents. Sinon des traces négatives risquent de se glisser dans un coin de nos neurones et de faire leur chemin en sourdine dans nos têtes. Ne rien dire donne un pouvoir excessif aux autres. Une étude en Allemagne a montré que le facteur le plus déterminant dans les difficultés d'allaitement (crevasses, abcès, manque de lait...) était de loin la fréquence des contacts de la jeune maman avec sa propre mère (d'une génération qui a très peu allaité) !

Reconnaître ses sentiments, les exprimer, oser manifester de la colère quand les autres dépassent nos bornes ou lorsqu'on se sent victime d'une injustice, ce n'est pas être agressive ou caractérielle, c'est s'affirmer et poser des limites claires. Le sentiment de culpabilité n'adhérera plus !

La guérison de sa propre enfance

À l'âge adulte, quand nous devenons parents nous sommes les héritiers plus ou moins heureux ou malheureux de notre enfance et adolescence.

Chacun de nous a souffert plus ou moins dans sa propre enfance de moments d'incompréhension, de conflits, de non-dits, d'interdits, etc. Les parents les plus aimants et même « éclairés » n'ont pu éviter complètement à leurs enfants un certain vécu douloureux. Chacun de nous a donc un contentieux plus ou moins chargé à l'égard de ses parents. Il est nécessaire de s'en dégager pour se sentir libre ensuite de tout lien de dépendance malsaine.

La femme qui n'a pas guéri son enfance porte une charge inconsciente de revendication qu'elle risque fort de transférer sur la dyade avec son enfant. Elle en veut à sa mère de ne pas avoir fait telle ou telle chose pour elle. Alors elle fera cela pour son bébé mais en risquant d'être « à côté de la plaque » parce qu' elle le fera au moins en partie pour elle-même, dans un projet de règlement de compte et de réparation par rapport à son propre passé.

Faire le contraire de ce qu'on a vu ses parents faire, c'est encore agir comme eux, c'est avoir une stratégie d'éducation sans écouter la réalité des besoins de l'autre. C'est projeter sur son enfant l'idée de ce qu'on aurait aimé recevoir.

Comment liquider ce contentieux ?

– En identifiant nos révoltes et nos souffrances d'enfant, ce qui n'ira pas sans provoquer une émergence d'émotions pénibles.

– En osant ressentir notre colère contre nos parents (plutôt que de nous éloigner d'eux ou de leur en vouloir en sourdine sans se l'avouer).

– En leur parlant de ce qui nous a frustré et blessé. Nous ne l'avons pas fait parce que nous craignions de susciter leur rejet, de leur faire mal inutilement, surtout s'ils sont âgés. Pourtant, c'est un moment nécessaire pour que notre vérité soit entendue et qu'un dialogue s'instaure. Notons qu'il est possible de faire cette mise au point sans brusquerie excessive, et en insistant sur nos sentiments positifs d'attachement.

Si la situation relationnelle avec nos parents ne permet pas cette explication directe, il est cependant possible de leur exprimer nos sentiments négatifs par l'intermédiaire d'une autre personne qui nous servira de support, ou dans un dialogue imaginaire, ou dans une lettre que nous mettrons ensuite au feu.

Quand le vécu a été trop douloureux, il est protecteur de recourir à un psychothérapeute pour faire cette démarche.

Le pardon véritable ne peut venir qu'après le rétablissement de la justice, c'est pourquoi on ne peut faire l'économie du passage par la colère. Celle-ci est affirmation de notre ressenti et défense de nos droits d'enfant au respect.

Excuser les parents : « ils ont tellement souffert eux-mêmes, ils ne pouvaient pas faire autrement, ils ne savaient pas... » ne peut que maintenir le couvercle sur notre réalité.

Méconnaître la gravité des comportements oppressifs : « ce n'était pas si dramatique, je n'en suis pas mort, ça ne m'a pas traumatisé... » enferme nos sentiments plus profondément dans l'inconscient ; ils ressortiront sous forme de comportements inadéquats, répétition des attitudes éducatives de nos parents, de leurs conflits de couple ou de leurs échecs professionnels... voire de leurs dépressions ou dépendances à l'alcool, au tabac...

Un pardon trop rapide, « je les comprends maintenant, je ne leur en veux pas... » ne nous libérera pas du processus de répétition. Un réel pardon, profond et authentique, apportant la guérison du passé pour les deux protagonistes, et rétablissant la relation d'amour parent/enfant, implique d'avoir traversé un certain nombre d'étapes :

1. Reconnaître la réalité et l'intensité de sa souffrance. Percevoir son impuissance et sa dépendance d'enfant.

C'est-à-dire cesser d'excuser le comportement des parents ou de le justifier. Une gifle fait mal, qu'elle ait été administrée « pour notre bien » ou parce que maman était énervée. Aucune « bonne raison » n'excuse le fait qu'un enfant ait à supporter ce qu'un adulte ne tolérerait pas.

2. Se pardonner à soi-même. Nombre de gens ont intégré la définition de leurs parents et se revoient petits avec toutes sortes de défauts : « j'étais insupportable, menteuse, méchante, flemmarde, pleurnicharde... ». Or, ces comportements avaient des causes. Tout enfant placé dans de bonnes conditions et dont les émotions sont respectées est naturellement enclin à se montrer aimant et coopératif.

Une difficulté comportementale est la manifestation d'un conflit à résoudre, d'une souffrance à entendre et non d'une attitude à « corriger » ou d'une quelconque prédisposition négative.

3. Exprimer la colère et tous les sentiments refoulés (peurs, tristesses...). Trouver que ce n'est pas juste d'avoir subi cela. En vouloir à ses parents de leurs

comportements. Défendre ses droits et rétablir la justice.

Rien, jamais, ne justifie de blesser un enfant, mépriser ses sentiments, le ridiculiser ou le manipuler. Ce qui est inadmissible pour un adulte, l'est a fortiori pour un enfant.

4. Percevoir celui ou celle qu'on aurait pu être si on avait été accompagné différemment, avec amour et respect.

5. Rester en contact avec sa douleur, percevoir la même chez ses parents. Comprendre ce qui les a poussés à faire ce qu'ils ont fait, sans excuser leurs comportements abusifs pour autant. C'est le meilleur moment pour en parler avec eux, et partager les émotions.

6. Faire le deuil de ce que l'on n'a pas reçu. Accepter le passé. Évaluer la leçon de vie que cette expérience nous a apporté.

7. Rétablir le lien en restaurant une communication authentique.

La colère est nécessaire à la guérison. La réconciliation est utile à la réparation de la relation.

Mais il n'est possible de rétablir un lien de confiance qu'une fois les actes clairement dénoncés. Tant que l'autre ne reconnaît pas la réalité de ses comportements abusifs, le pardon n'a pas de réelle profondeur.

La remise en cause de ses éducateurs est peu tolérée dans notre culture : « On ne doit pas juger ses parents. » Mais comment rétablir chacun dans son droit ?

Il est important de sortir de ce tabou qui protège les

parents au détriment des enfants. Il n'y a pas d'amour sans justice, sans respect de la vérité de chacun. De plus, partager son vécu allège la culpabilité et permet de nettoyer le lien en profondeur. La relation est toujours plus belle et plus saine après la confrontation et l'échange émotionnel.

Isabelle a tenté d'exprimer à Anne-Marie ses souffrances d'enfant dès l'adolescence. Mais elle le faisait alors sous forme de reproches plus ou moins adroitement formulés et Anne-Marie ne pouvait l'entendre. Nous nous heurtions. Malgré des sourires de surface, nous étions éloignées l'une de l'autre. Isabelle méprisait sa mère ; Anne-Marie souffrait de l'incompréhension de sa fille et se culpabilisait sans bien identifier ce qui avait pu faire si mal à son enfant.

Puis, Isabelle ayant atteint ses vingt-sept ans, l'âge classique auquel on se rapproche de ses parents après une nécessaire période d'éloignement et de structuration personnelle, elle revint à la charge, déterminée cette fois à se libérer du poids de son passé et à rétablir la relation. Ses confrontations étaient certes dures à entendre pour Anne-Marie qui prenait conscience de ses erreurs et des manques vécus par sa fille. Mais nous réussîmes à les vivre dans des moments d'échange sans agressivité. Découvrant la vérité d'Isabelle, Anne-Marie était face à elle-même et amenée à clarifier son propre vécu, à reconnaître des sentiments enfouis concernant la relation à son mari et à ses propres parents.

Écouter vraiment sa fille sans fuir ses responsabilités dans le sentiment de culpabilité, lui a donné un nouvel accès à son propre inconscient.

Dans leurs échanges parfois douloureux mais toujours productifs, Isabelle a trouvé reconnaissance d'elle-même et réparation ; Anne-Marie, libération de sa culpabilité.

Il n'est jamais trop tard pour se déculpabiliser : Témoignage d'Anne-Marie :

« Maintenant, quand j'évoque mon vécu de mère de famille ayant eu une vie professionnelle particulièrement absorbante, je me remémore mes angoisses, mon sentiment quasi permanent de culpabilité, et je fais le point aujourd'hui.

Désormais, je ne me sens plus "coupable" mais je prends la mesure de ma responsabilité en reconnaissant les erreurs, les manques, et réalisant par ailleurs les limites qui m'enfermaient. Je sais que dans la situation où j'étais, avec l'éducation que j'avais reçue, je ne pouvais guère faire autrement. Dans ma manière d'élever mes enfants, j'ai éprouvé le besoin impérieux de prendre le contre-pied de ma propre éducation, et à cause de cela je n'ai pas pu être bien à l'écoute de chacun.

Ce sont mes enfants eux-mêmes qui, en grandissant, m'ont confrontée en exprimant leur vécu. Grâce à cela et à un travail personnel sur moi, j'ai compris petit à petit plus clairement les liens entre mes attitudes maternelles et les conflits affectifs non réglés de mon passé. Par exemple, c'est parce que je n'avais pas exprimé mes révoltes de petite fille contre l'autoritarisme de mon père que je m'interdisais vis-à-vis de mes enfants toute attitude pouvant ressembler de près ou de loin à de l'autorité. Cela m'a amenée à être trop permissive, à ne pas mettre les limites nécessaires.

Quand j'ai pu reconnaître et exprimer ma colère contre ce pouvoir paternel, j'ai du même coup récupéré une assurance personnelle qui me manquait jusque-là ; j'ai pu assumer des positions de fermeté, comprenant et expérimentant qu'il était possible de s'affirmer sans écraser l'autre.

Quand, dans le passé, je me faisais des reproches par rapport à mes enfants, je retournais contre moi-même cette énergie colère, résidu de mes soumissions forcées. Tout ce qui arrivait de mal ou de moins bien était forcément de ma faute. En cela, j'imitais ma propre mère. J'ai dû aussi me démarquer de ce modèle.

Au cours de ce cheminement, j'ai été amenée à faire le deuil d'une certaine image de mère capable à elle seule de rendre ses enfants complètement heureux, ainsi que le deuil d'un sentiment d'appartenance à ma famille d'origine. Ne plus se référer (même pour s'y opposer) aux modèles parentaux passe par un temps de coupure et d'isolement.

Le bénéfice de ce parcours est une libération personnelle et un dialogue ouvert avec mes enfants. Le passé est ce qu'il a été ; j'ai fait ce que j'ai pu avec mes incompétences et avec beaucoup d'amour aussi. J'ai parlé avec mes enfants. J'ai accepté de faire le constat de mes insuffisances. Ils ont compris ce qui avait gauchi certaines de mes réactions.

Je me sens maintenant mère responsable face à des

enfants devenus adultes et au seuil de leur propre vie de parents. »

Le travail de conscience des mères permettra à leurs filles et à leurs fils d'être en mesure de choisir leur mode de vie avec davantage de liberté.

10.

Comment faire au quotidien ?

Après avoir analysé le comportement de culpabilité, ses racines et ses différentes manifestations, nous avons évoqué les ressources pour y échapper. Il nous reste à envisager la gestion du quotidien. Comment vivre au jour le jour quand on est une « mère qui travaille » ?

Le climat général

Pour établir une relation saine avec son enfant, une mère gagnera à se rappeler les données suivantes recueillies au long de ce livre :

– Avoir un enfant ne vous condamne pas implacablement au renoncement, même si vous devez mener de front vie familiale et vie professionnelle.

– Les enfants dont les mères travaillent sont statistiquement plus ouverts et plus brillants à l'école que ceux dont les mamans restent à la maison.

– Le rôle maternel est à considérer en termes de responsabilité et non de culpabilité.

– Seul le présent est ressourçant. Il vaut mieux investir l'ici et maintenant plutôt que se référer à un avenir qui est par définition hypothétique et aléatoire.

– Un enfant a davantage besoin d'affection que d'argent ou d'un surplus de confort matériel.

– Une femme a le droit de décider pour elle-même de son mode de vie.

– Chacun ressent des émotions parfois conflictuelles, a le droit de les exprimer et de penser même des choses contradictoires.

– Continuer à entretenir une vie sociale, à voir ses amis, est important. Le renfermement sur la famille est une des causes de l'usure relationnelle...

– Tout ce qui, par rapport à sa propre enfance, n'est pas réglé, réellement ou symboliquement, risque d'interférer dans la relation.

– La mère n'est pas la seule à pouvoir bien s'occuper de son enfant. Le père est là aussi.

– La négociation permet l'écoute et le respect de soi et de l'autre.

– Être bien dans sa peau, et suffisamment heureuse est le plus beau cadeau que l'on puisse faire à ses enfants. Cela leur évitera de porter la lourde charge de nous apporter à eux seuls le bonheur.

Être une bonne mère aujourd'hui, c'est se donner la permission de ressentir et accepter tous ses sentiments et d'impliquer le père. Il est fondamental de sortir de l'isolement dans lequel vous plonge la responsabilité d'un enfant. Lorsqu'il n'y a pas de père présent, une autre personne pourrait être choisie pour le remplacer, homme ou femme. Peut-être pourrait-on alors retrouver le véritable sens des mots parrain et marraine.

Nombre de femmes seules n'osent pas parler à leur entourage de leurs problèmes, de la difficulté des décisions à prendre, de leur solitude face à l'enfant. Inquiètes à l'idée d'être méjugées, elles préfèrent se montrer fortes. Ayant peur d'être rejetées, elles ne veulent pas « embêter les autres ». Redoutant de rencontrer l'incompréhension, elles se taisent.

Ce n'est pas déchoir que de parler avec une personne proche, de tout ce qui concerne l'enfant, sa santé et son éducation. Pouvoir échanger et partager les décisions soulage d'un poids que l'on méconnaît trop souvent. Loin d'être une démission, c'est au contraire un engagement responsable.

Première séparation

Psychologues, psychanalystes et pédiatres ont beaucoup écrit et pris position pour ou contre la crèche, la nourrice, la garde en collectivité ou à la maison, etc. Des arguments alimentés par les connaissances en psychologie peuvent être avancés en faveur de chacune de ces différentes solutions. En définitive, les préférences des parents sont à considérer en priorité, car de leur adhésion dépendra en grande partie l'adaptation du petit au mode de garde choisi.

L'évolution des compétences du personnel de crèche, la surveillance des nourrices agréées, les observations sur les interactions entre enfants, font tomber beaucoup de réticences concernant les lieux collectifs.

Dès la mi-grossesse, les parents ont à prévoir une solution pour le moment où la mère devra reprendre le travail. Les pré-inscriptions en crèche se font souvent avant la naissance. Dès que Bébé est né, les choses se précipitent ; il est à peine dans les bras de papa et maman qu'ils doivent déjà envisager de s'en séparer...

Deux attitudes extrêmes guettent les parents :

– l'une consiste à se focaliser sur ce problème, à ne penser presque qu'à ça, au point de gâcher le plaisir de s'occuper du nourrisson ;

– l'autre consiste à évacuer complètement de sa tête tout souci à ce sujet, pour ne pas se gâcher le plaisir du pouponnage ;

– une troisième attitude se situe à mi-chemin : envisager concrètement les choses et prévoir les modifications futures de la vie familiale afin de réduire le stress.

Une bonne organisation matérielle est non seulement utile concrètement mais aide à la préparation psychologique des parents ; en anticipant la situation d'avenir, ils se rassurent.

Le choix du moment ? Du côté du bébé

Au début de sa vie, le bébé se ressent dans un état d'indifférenciation avec la mère et c'est seulement petit à petit que le processus d'individuation le conduit à se défusionner et à se percevoir comme un individu séparé. Jusqu'au 8e mois, tout adulte bienveillant, surtout s'il est dans l'entourage maternel (et en cela le père est bien entendu le premier concerné) est ressenti comme un prolongement de la mère, et donc peut être accepté sans difficulté. Par contre, dans cette phase que le célèbre psychanalyste R. Spitz appelle « l'angoisse du 8e mois » et pendant laquelle l'enfant construit l'image interne de ses parents, il vit une sorte de crise de sauvagerie et peut se sentir tout à fait effrayé au contact de gens nouveaux. Beaucoup de mamans en ont fait l'expérience. Leur bébé qui jusque-là était très sociable, allait volontiers dans les bras d'un tiers, se met à hurler lorsqu'il voit un visage nouveau, et refuse absolument d'être porté par des étrangers. Parfois même il boude son père quand sa mère est là, ou vice versa si le papa s'occupe plus de lui pour les soins quotidiens. Cette période n'est donc pas le meilleur âge pour confronter l'enfant à un milieu nouveau.

Hormis cette restriction et bien entendu pendant les premières semaines de vie, la garde peut être envisagée au moment voulu à condition toutefois qu'elle soit préparée, progressive, acceptée pleinement par chacun des parents et expliquée à l'enfant.

Cependant, on n'a pas toujours le choix dans la vie et on peut être amenée à quitter son bébé dans les périodes délicates, ou même dès la naissance. C'est dommage, et douloureux pour mère et enfant, mais quand on ne peut faire autrement... Il est important de savoir que si une séparation n'est jamais anodine, elle n'est pas forcément dramatique. Les conditions dans lesquelles elle s'effectue sont plus déterminantes que la séparation elle-même. Pour être moins traumatique, l'événement doit être expliqué à l'enfant. Un nourrisson de quelques heures peut déjà comprendre.

Nous ne maîtrisons pas complètement l'environnement et toutes sortes d'événements peuvent surgir dans la vie d'une femme l'obligeant à prendre des décisions qui ne sont pas les plus confortables pour l'enfant.

Même si la rupture a été brutale, un problème de santé de la mère ou de l'enfant, on peut en parler au bébé après coup.

En témoigne cette histoire : Adrien a deux mois, et chaque soir à la même heure, il s'agite et exprime une souffrance inexpliquée. En retraçant le passé de ce petit garçon, il apparaît qu'il a vécu une séparation traumatique à deux reprises, et à chaque fois en fin de journée : d'abord sa naissance, difficile, ensuite une hospitalisation pour ictère. Conseillée par une psychothérapeute, sa maman l'a pris tendrement dans ses bras un peu avant l'heure de sa crise habituelle, et elle a commencé à lui raconter comment elle aurait aimé que les choses se passent pour elle et pour lui. Adrien l'écouta attentivement, resta calme et de ce jour ne renouvela plus ses crises d'agitation. Par ses gestes et ses paroles, sa mère lui a transmis un sentiment de sécurité et de plaisir partagé, ce qui a constitué pour ce bébé une expérience « réparatrice ».

Du côté de la mère

La plupart des mamans s'organisent pour rester le plus longtemps possible à la maison avec leur bébé, à la fois pour le confort de celui-ci et pour leur plaisir à elles. Quand on a choisi sa grossesse, désiré cet enfant, il est dans la loi naturelle de vouloir vivre cette expérience symbiotique le temps nécessaire à sa résolution. Cependant, la reprise du travail intervient le plus souvent avant la fin de cette période et la mère se sent « obligée » de laisser son bébé.

Dans les termes mêmes qu'elle utilise : « laisser » plutôt que confier, la mère traduit bien le sentiment d'abandon plus ou moins intense qu'elle éprouve à la perspective de la mise en garde. N'étant intérieurement pas prête à le faire, elle n'y prépare pas son bébé.

Dans les premières semaines après l'accouchement, le besoin profond de la mère est de se centrer sur son nouveau-né ; puis progressivement les désirs de sa vie de femme réapparaissent. Y être attentive, les accepter, et envisager des négociations entre ses propres besoins et ceux de son enfant est une priorité. Si cette évolution vers le détachement ne se produit pas, le risque est grand de prolonger la symbiose au-delà du temps souhaitable.

Allaitement et sevrage

Bien sûr se pose le problème de l'allaitement. Aujourd'hui, six femmes sur dix allaitent leur bébé à la maternité. La date de sevrage est malheureusement plus souvent fonction du manque de soutien et de conseils que d'un réel choix de la mère. Les bébés allaités longtemps sont plus autonomes, plus confiants et plus débrouillards que les autres. Ceci contrairement à un préjugé qui voudrait qu'un allaitement « prolongé » (entendez plus de deux mois) soit un signe de dépendance pathologique. Mais le personnel soignant manque de formation, les débuts sont difficiles, crevasses et angoisses mettent souvent un terme prématuré à l'histoire d'amour du sein et de bébé. N'oublions pas que les médecins n'ont que deux heures de cours sur l'allaitement maternel dans toutes leurs études et que de plus elles sont consacrées à la pathologie. On peut comprendre qu'ils hésitent à vous encourager sur cette voie !

Le sevrage le plus tardif possible est évidemment préférable sur tous les plans. Le lait maternel recèle tout ce qui est nutritivement nécessaire au bébé ; sa composition s'adapte automatiquement aux heures du jour, à la croissance de l'enfant et au temps qu'il fait ; il est plus nourrissant et mieux adapté aux besoins du petit qu'aucun lait maternisé ne le sera jamais. Il assure de plus une bonne immunité au bébé et au futur adulte qu'il deviendra. Il procure un plaisir relationnel indiscutable tant à la mère qu'au nourrisson. Il est peu encombrant dans les sacs de voyage et tellement plus économique que les biberons ! Son seul défaut, si l'on peut dire, c'est de nécessiter la présence de la mère.

La durée idéale d'un bon allaitement semble être celle que choisissent ensemble le bébé et sa maman. Un petit sait se sevrer de lui-même lorsque l'heure arrive. Comme pour la marche, la parole ou la propreté, chacun a son rythme. Certains en ont assez au bout de six mois, d'autres iront jusqu'à deux ans voire plus. La plupart commenceront à goûter à la nourriture solide entre quatre mois et demi et six mois en grappillant dans l'assiette de leurs parents. Ceci dit, le désir de la mère, ses possibilités matérielles, sa disponibilité entrent aussi en ligne de compte. Une première évidence apparaît : les congés maternité actuels ne donnent pas aux femmes la possibilité d'allaiter suffisamment longtemps si elles le désirent. Même si les mères ont droit à une heure par jour pour allaiter et que la loi oblige les entreprises d'une certaine taille à réserver une pièce dans leurs locaux pour qu'elles et leur bébé soient au calme... La loi est rarement respectée.

Certaines femmes particulièrement motivées et déterminées emmènent leur enfant au bureau (voir témoignages). Il suffit parfois d'oser penser la chose possible, et s'affirmer. Ce n'est certes pas facile de proposer cette solution à l'encontre des habitudes, « vous n'y pensez pas, ça ne se fait pas ». Mais imposer ce qui est bon pour soi et son bébé, c'est aussi ouvrir des possibles pour l'avenir. Et si nous faisions en sorte que la société soit plus favorable aux mères qui travaillent ?

Toutefois les conditions ne sont pas toujours propices.

Même si on ne peut garder son bébé avec soi, reprise du travail n'est pas nécessairement synonyme de sevrage. La mère peut tirer son lait, le congeler et le faire donner en son absence.

Entre sevrage total et allaitement complet il y a une troisième voie, ménageant confort de la mère et satisfaction de l'enfant : biberon (ou petite cuiller) le jour et sein le matin et le soir. Cette solution a le grand avantage de conserver un moment d'intimité fort et de donner à la mère le sentiment que malgré la reprise de ses activités elle continue de donner à son enfant ce qui est le meilleur pour lui. Cet instant de tétée au retour du bureau coupe court à la culpabilité liée à l'absence.

Témoignages

« Ma décision farouche d'allaiter ma petite Maria à la demande jusqu'au sevrage naturel, ainsi que l'idée d'ouvrir le chemin pour d'autres, m'amènent à l'emmener à mon travail à l'ambassade. L'accord d'un ambassadeur très humain, qui s'est laissé imposer la présence d'un bébé dans son bureau, a été très important. » Thelma

« Pour Simon, j'étais décidée à allaiter le plus longtemps possible. J'ai donc demandé, quand Simon a eu deux mois, l'autorisation de l'emmener sur mon lieu de travail : je suis sage-femme, j'habite à 60 km de la maternité et je fais des gardes de 24 heures ; l'hôpital n'ayant pas de crèche, je n'avais pas beaucoup de solutions. Cette autorisation me fut accordée à titre exceptionnel (les textes de lois sont très flous à ce sujet) jusqu'à la fin de l'allaitement de mon bébé.

Simon s'est très vite habitué au rythme des gardes et à la vie à la maternité. Je l'allaitais soit dans l'office, soit dans la chambre de garde, au calme. Je m'organisais afin qu'il dorme quand je n'étais pas disponible. Parfois une amie venait le chercher pour le promener. Mes collègues s'en occupaient également. Simon a vécu pendant 10 mois et demi avec moi sur mon lieu de travail. Il a bénéficié d'un allaitement maternel complet pendant 6 mois et a tété jusqu'à 10 mois et demi, âge auquel il s'est sevré tout seul. C'est maintenant un bambin de 14 mois très autonome. J'ai l'impression, par la relation d'allaitement très étroite, très intime, de l'avoir aidé à acquérir cette autonomie. » Claire

« Je suis documentaliste dans un collège. J'ai recommencé à travailler avec Alexia qui avait 5 mois. Les élèves et les collègues professeurs lui ont fait un fort bon accueil. Elle n'est pas avare de sourires et le fait que ce soit une petite fille calme et décontractée a bien arrangé les choses. Elle a trouvé son rythme assez rapidement. Elle a donc pu continuer à téter et moi à bénéficier de sa présence. » Marie-Frédérique

« Je vis seule avec Marie, ma petite fille. Pas d'alternative financière pour moi. Il faut reprendre très vite le travail. Je suis médecin et je viens d'ouvrir un cabinet. On me décourage de toutes parts : "Tu vas couler ta clientèle... On ne travaille pas avec un bébé à côté de soi... Tu ne tiendras pas le coup... De toute façon, dès que tu retravailleras tu n'auras plus de lait. .. !" Marie a juste deux mois lorsque je reprends mon travail. Les premiers jours, je reconnais que c'était un peu la panique et j'ai bien failli me décourager. Le stress de mon travail, le retard accumulé dans les rendez-vous, le bébé qui pleure et le téléphone qui sonne ! Puis les choses se sont bien rodées. Je ménage des zones "tampons" entre mes rendez-vous pour lui donner le sein et je bénis l'inventeur du baby-bouncer[1] qui me permet de la garder dans un coin de mon bureau babillante et sautillante. Mes malades m'affirment ne pas être gênés de sa présence, au contraire. Il faut avouer que Marie est devenue très sociable et généreuse en sourires ! Aujourd'hui elle a six mois. Je

1. Baby-bouncer : siège de tissus accroché au plafond par des sangles élastiques.

l'allaite encore complètement et nous nous préparons à l'introduction des solides. Depuis une semaine, je la mets à la garderie de temps en temps, et je vais la chercher pour la tétée de midi. » Anne

« J'étais secrétaire dans une compagnie d'assurance et je travaillais à plein temps. Je quittais donc mon domicile environ 10 heures en moyenne et 5 jours sur 7. Amélie avait quatre mois tout juste quand j'ai repris le travail et nous avons très vite trouvé un nouveau rythme. Au petit matin, avant de partir, je donnais sa dernière tétée à Amélie, la laissant se rassasier. Le soir, dès mon retour, avant de me précipiter à la cuisine, je prenais le temps de m'installer confortablement pour nos retrouvailles. Céline, la grande sœur, était ravie de cette halte puisque j'avais la possibilité pendant la tétée d'Amélie de lui lire une histoire ou de l'écouter attentivement me donner des détails sur sa journée d'écolière... J'étais très heureuse et fière de pouvoir continuer à allaiter ma petite fille, et quand je la regardais téter, se régaler, je n'avais plus aucun doute. Je me félicitais de n'avoir pas écouté autre chose que mon cœur ! Même loin l'une de l'autre, nous étions toutes proches par ce lait qui était prêt pour elle en permanence. » Élisabeth

« J'ai obtenu un mi-temps, 20 heures étalées sur deux jours. Le seul lieu à l'usine où je pouvais tirer mon lait pendant la petite demi-heure de pause à laquelle j'avais droit était les douches ! Il faut faire preuve de patience et être très motivée car on se retrouve isolée devant les réactions de l'entourage. Mais les bénéfices de l'allaitement ne sont pas mesurables. Pour moi, c'est par exemple une preuve que je peux réussir un projet à long terme et détourner les obstacles. C'est une joie de savoir que Julie a pu être alimentée à son rythme et qu'elle n'a pas souffert de changements brutaux dus à des événements extérieurs vides de sens. » Christine

« Reprendre le travail et allaiter mon enfant me donnent un tonus formidable qui m'étonne moi-même. Les tétées sont des haltes au milieu d'une vie trépidante, j'y puise confiance, amour, le sentiment magnifique d'être complètement mère. » Annette

« Quand je rentrais du travail c'était la fête, nous nous blottissions toutes les deux dans le lit, Géraldine tétait tout son saoûl et nous rattrapions le temps de séparation dans un merveilleux moment de tendresse. » Béatrice

Témoignages tirés de la revue trimestrielle de la Leche League France, *Allaiter aujourd'hui, janvier 93*

Si on opte pour le sevrage, il est inutile de le faire prématurément. De nombreuses femmes, pensant nécessaire d'habituer l'enfant au biberon alors qu'elles sont encore en congé, vivent un moment très difficile. Le bébé acceptera plus facilement une nouvelle nourriture en l'absence de sa mère. Il peut ne pas bien comprendre pourquoi on lui impose une tétine en caoutchouc alors que le sein n'est pas loin. Le mieux est de continuer d'allaiter complètement et à la demande pour le bonheur de maman et bébé jusqu'au jour fatidique. Pourquoi se priver de ces moments si délicieux ?

La préparation

La préparation psychologique tant de la mère que de l'enfant passe par la parole. Pendant trop longtemps on a cru que les bébés ne comprenaient le langage parlé que lorsqu'ils avaient un certain niveau de maturation. Les psychologues contemporains, et Françoise Dolto en particulier, ont mis en évidence l'impact du langage sur le bébé déjà pendant la vie intra-utérine. Il est tout à fait fascinant d'observer un tout petit à qui sa mère ou son père parle vrai, lui raconte quelque chose de son existence, de leur relation. Son regard se fixe dans celui de l'adulte et il écoute avec une incroyable attention. La suite des événements montre qu'il a compris ce qui allait lui arriver et il y apporte sa coopération à sa façon.

C'est pourquoi, avant tout changement signifiant dans la vie d'un petit, ou lorsqu'une circonstance nouvelle intervient, il est fondamental de lui en parler, même s'il n'a que quelques semaines, quelques jours, voire quelques heures ; lui expliquer ce qui va se passer, les raisons de cette modification, les sentiments qui habitent ses parents, etc. Certes, le bébé ne saisit pas le mot à mot, mais il perçoit l'intention. À travers l'intonation de la voix, la mélodie des phrases, l'ensemble des messages non verbaux, l'enfant comprend qu'il est question de lui, de sa vie, de sa sécurité relationnelle avec son entourage.

Ce faisant la mère apaise aussi en elle la tension qui monte lorsqu'elle pense à cet avenir proche. Son enfant ne pouvait ignorer son malaise, même et surtout si elle ne lui en parlait pas. Il le percevait dans sa manière plus raide de le porter dans les bras, dans une sensation de moins bonne disponibilité ; sa maman était présente sans l'être tout à fait quand elle songeait à demain.

Le temps d'adaptation

Maintenant la plupart des crèches proposent une semaine d'adaptation pendant laquelle mère et père peuvent rester avec leur enfant. Le bébé a besoin de ce temps de familiarisation avec un environnement différent et des personnes étrangères. Lorsque ce n'est pas pratiqué à la crèche, les parents sont en droit d'exiger cette période de transition. Pour eux aussi, il est bon d'apprivoiser le lieu et les personnes qui s'occuperont de leur enfant. Ils auront davantage de facilité à communiquer ainsi à leur bébé un climat de sécurité.

Auprès d'une nourrice ou d'une garde à domicile, les précautions à prendre sont les mêmes. On peut imaginer aisément la panique qui risque d'habiter ce petit être si tout à coup les soins habituellement assurés par sa mère sont délégués à une inconnue dont il ne connaît rien : ni l'odeur, ni le ton de la voix, ni le rythme, ni la manière de porter dans les bras...

Chez une nourrice, l'enfant sera « nursé » par un seul substitut maternel alors qu'à la crèche il sera en contact avec plusieurs personnes. Cela implique d'exercer une vigilance particulière dans le choix de la gardienne, sur des critères d'efficacité et de propreté, mais aussi et surtout de tolérance, de réceptivité et d'échange.

Les paroles

Une maman peut dire à son bébé avant de reprendre son activité : « Je vais bientôt aller travailler parce que j'en ai envie (ou besoin selon les cas). J'aime beaucoup m'occuper de toi, rester auprès de toi, *et* c'est important pour moi de reprendre cette partie-là de ma vie... Pendant que je ne serai pas là, toi tu seras avec une autre dame (ou un monsieur), d'autres petits enfants (s'il s'agit de la crèche ou d'une nourrice qui garde plusieurs petits). Toi aussi tu feras des choses qui te plaisent et le soir quand on se retrouvera cela nous fera très plaisir et on se racontera notre journée... » Cette manière de procéder associe le petit à la démarche. Il entend à travers le discours la mélodie des émotions de sa maman (de ses parents).

Sous le prétexte de distraire l'enfant pour qu'il ne s'inquiète pas et ne pleure pas à l'avance, certains parents ont la tentation de faire « comme si de rien n'était » et d'écourter le plus possible le moment pénible de l'avant-séparation. Or l'expérience montre que le bébé a besoin de temps pour élaborer ce qui lui arrive. Et même s'il manifeste de l'anxiété, de la colère et/ou des pleurs, il est utile de lui permettre d'exprimer toutes ces réactions. Elles sont tout à fait compréhensibles puisqu'il y a un deuil à faire, le deuil d'une disponibilité maternelle synonyme pour lui de sécurité et de plaisir.

La relation avec le personnel de la crèche ou avec la nourrice

C'est un point délicat qui comporte plusieurs facettes. On comprend qu'il soit difficile de laisser « son » bébé à quelqu'un d'autre, et que cette situation déclenche des sentiments ambivalents et complexes.

À la fois la mère est bien soulagée de pouvoir se décharger un peu du souci de sa tâche : soigner un petit est très accaparant, fatigant, envahit la majeure partie de l'espace de vie. Et en même temps, encore proche de la fusion avec son bébé, elle envisage mal que quelqu'un d'autre puisse la remplacer. Elle conçoit encore plus difficilement que cette autre personne soit capable de s'en occuper aussi bien qu'elle. Elle risque même de se sentir jalouse, dépossédée de son privilège si son chéri fait des sourires à celui ou celle qui le garde, ou s'il fait une nouvelle acquisition en son absence. Les mesures de prévention consistent d'abord à s'écouter chacun, reconnaître les émotions, sentiments, besoins des uns et des autres, effectuer les négociations nécessaires, et surtout faire confiance dans les compétences de chacun. Il n'y a pas deux personnes qui tiennent un nourrisson de la même manière, et il est bon pour l'enfant d'expérimenter ces différentes façons d'être tenu, langé, nourri, regardé, etc. Cette palette de nouvelles sensations est très enrichissante pour lui.

Pour vous, la maman, c'est encore un deuil, il n'a pas besoin que de vous ! Laissez d'autres personnes, ami(e)s, famille, s'occuper de lui en votre présence.

N'oublions pas la ressource de l'« objet transitionnel ». D. W. Winnicott a désigné ainsi toute chose à laquelle le bébé s'attache de facon élective. C'est généralement doux au toucher (étoffe, peluche, lainage). L'enfant suce son « doudou », le serre contre lui, le réclame quand il n'est pas à sa main ou à sa vue. Cet objet bien spécifique devient une « possession » de quelque chose qui n'est pas la mère elle-même mais qui la représente d'une certaine façon. Il sert ainsi de transition entre la mère et l'enfant (d'où l'adjectif « transitionnel »). Le petit y a recours surtout lors des moments difficiles : absence de l'adulte, frustrations diverses, fatigue, endormissement, etc. Tout parent a été à même de constater l'importance accordée à ce bout de chiffon, ce mouchoir, cette peluche, etc., et il ne faut surtout pas chercher à le changer ou le laver puisque sa caractéristique essentielle est d'être porteur de l'odeur du monde intime de l'enfant. Il remplira pleinement son rôle de trait d'union entre l'univers de la maison et celui de la nourrice ou de la crèche, surtout si les parents verbalisent sa signification.

Malgré cet accompagnement, l'enfant peut hurler, s'accrocher à vous. Donnez-lui de l'attention, autorisez-le à pleurer, continuez de lui dire que vous voulez la séparation bien qu'elle soit difficile. Devant ses larmes, le poison-culpabilité risque de vous envahir, et une petite voix intérieure de vous souffler : « Tu es une mère indigne. Tu imposes à ton enfant une souffrance intolérable. Tu n'as pas le droit de lui faire vivre ce traumatisme, etc. » Identifiez cette voix : vous est-elle dictée par votre éducation ? est-elle le reflet de l'opinion de votre propre mère au sujet de votre attitude maternelle et de votre statut de « mère qui travaille » ? ou bien avez-vous eu des expériences personnelles de séparation(s) pénible(s), voire même traumatique(s) dans votre petite enfance ? et vous revivez en miroir la détresse que vous avez éprouvée à ce moment-là ?

Votre enfant n'est pas vous ; ce qu'il vit est différent ; même si la situation est similaire, lui a des ressources que vous n'aviez pas puisque vous l'avez accompagné comme vous-même ne l'avez pas été ; en le préparant, en lui parlant, vous lui apportez un soutien lui permettant de vivre le moment autrement que vous ne l'avez vécu dans votre enfance.

Exprimez votre trouble à votre bébé afin de ne pas véhiculer votre ambivalence dans le vaste registre du non-verbal. Racontez-lui ce que vous ressentez. Il n'en sera pas traumatisé.

Avant de partir, prenez donc tout le temps nécessaire pour parler, à lui et à la gardienne, et c'est seulement après ce délai que vous le quitterez, même s'il refuse. Partez tranquille en vous mettant dans l'esprit des images représentant votre enfant heureux entre ses mains. Quelque chose de cette énergie-là passera dans la relation entre vous trois.

Difficultés fréquentes

Malgré les précautions prises pour faire un choix judicieux, malgré une préparation matérielle et psychologique convenable, des difficultés d'adaptation peuvent cependant surgir. Chaque cas demande alors à être considéré dans sa spécificité, et nous envisagerons quelques situations types :

Votre enfant hurle régulièrement quand vous le quittez

Il donne les signes d'un grand malheur. Colère ou chagrin, c'est insupportable et en plus vous ne comprenez pas ce qui se passe. Vous avez respecté les précautions concernant l'âge et la progressivité, et pourtant quelque chose ne va pas.

Les pleurs sont une réaction naturelle à la séparation. L'attention tranquille de la mère à ses sanglots aidera l'enfant à traverser ce moment difficile. Si les pleurs persistent au-delà d'une quinzaine de jours, ils sont à entendre comme un message. Tout d'abord, observez. Sommeil, alimentation, humeur, vivacité, son comportement à la maison a-t-il changé ? L'observation attentive de votre enfant peut vous donner des indications sur son bien-être ou son mal-être.

La quantité de stimulations offerte par une structure collective dépasse souvent les capacités d'adaptation du bébé qui, dès qu'il sera dans les bras sécurisants de sa maman, pleurera tout son saoul pour décharger l'excès d'excitation.

Si les difficultés de séparation persistent, n'hésitez pas à vous présenter à l'improviste dans la journée pour surprendre le quotidien de votre enfant et identifier ce qui peut le perturber.

L'enfant ne fait pas consciemment du chantage affectif, mais il peut se servir de ses expériences passées pour obtenir la satisfaction de son besoin immédiat.

Si votre enfant continue à pleurer encore longtemps après votre départ, ou s'il se calme mais reste apathique et triste toute la journée, là il convient de chercher à comprendre ce qui ne va pas.

Ce qui indispose un petit est parfois très éloigné de ce qu'un adulte perçoit. Il y a divers registres à explorer :

– Tout d'abord la personne qui le garde. Même si elle a de grandes qualités, peut-être y a-t-il quelque chose d'indéfinissable pour vous mais de très précis pour votre petit, qui le perturbe : par exemple le son de sa voix (hauteur, tonalité, mélodie...), sa manière de le porter (souple ou raide, détendue ou contractée), son odeur corporelle (les bébés y sont hypersensibles), ses rythmes personnels (rapides ou lents, continus ou saccadés). Observez attentivement votre enfant en présence de la gardienne, ses réactions quand vous le lui mettez dans les bras ou quand il refuse d'y aller ; comparez vos caractéristiques personnelles concernant la voix, le portage, les rythmes, etc., avec celles de la nourrice. Expliquez-lui ce qui dérange votre enfant. Même si la nourrice vous paraît gentille, souvenez-vous que la maltraitance n'est pas forcément consciente et qu'elle ne se voit pas. Votre bébé ne fait pas une comédie. Il exprime une souffrance qu'il est impératif de prendre en compte.

Être active dans une situation soulage de la culpabilité.

Si aucun ajustement ne peut être trouvé, il sera nécessaire de décider un changement de personne, ou une autre formule. En tous cas il serait préjudiciable de forcer le petit à rester des journées entières, et peut-être des mois durant avec une personne dont une ou plusieurs caractéristiques le dérangent. Certes, à la longue il donnera probablement des signes d'adaptation apparente ; il ne pleurera plus quand vous le déposerez le matin ; il se sera « résigné », mais son éveil, son développement affectif risquent d'en pâtir.

Quand un enfant est en âge de s'exprimer par la parole, il sait très bien vous dire que ça ne va pas. Écoutez-le avant de lui dire « mais si je t'assure, la dame est très gentille ». Explorez plutôt son vécu avec des questions ouvertes et cherchez à décoder ses messages. Rappelez-vous que pour un très jeune les petites choses ont beaucoup d'importance, et des détails infimes pour vous peuvent le mettre dans une grande insécurité.

Pour un enfant en âge de discuter, se sentir écouté et compris lui permettra déjà de mieux affronter la difficulté ; ensuite voyez avec lui quelles solutions vous pouvez trouver pour rendre les choses acceptables.

Si l'enfant va à la crèche, de nouveaux paramètres entrent en ligne de compte : présence d'autres petits, pluralité des personnes, espace plus vaste, bruit, etc. Un seul de ces éléments mal supporté, la situation dans sa globalité devient objet de refus. La crèche étant une collectivité, il est plus difficile que chez une nourrice de respecter les particularités de chacun. Cependant, cet environnement riche de stimulations diversifiées comporte aussi davantage de ressources, et si l'enfant est aidé à surmonter les éventuelles difficultés, il en tirera des bénéfices appréciables au niveau de son développement psycho-moteur et de sa socialisation.

En crèche ou chez une nourrice qui garde plusieurs enfants, les rapports entre ceux-ci sont parfois conflictuels. Ce n'est pas forcément perturbant pour chacun à condition que l'un ne soit pas systématiquement brimé par l'autre et que la sécurité soit assurée par l'adulte. Les parents ont souvent peur de l'agressivité réciproque que se manifestent les petits entre eux ; dites-vous qu'elle fait partie de leur besoin de s'affirmer, de prendre leur place ; et observez aussi les conduites fréquentes de partage, voire même de don entre eux. Les alternances d'agression et d'amour s'inscrivent dans la mouvance d'une vie émotionnelle s'exprimant librement. C'est seulement lorqu'un enfant est trop souvent ou trop violemment dans une position d'agression, ou au contraire de soumission qu'il est opportun de s'interroger sur les raisons de ce comportement.

Portez attention à tout ce que vous dit votre bambin à travers son langage non verbal, ou ses discours s'il est déjà en âge de parler, et utilisez l'écoute active auprès de lui et des personnes concernées pour éclaircir le problème et trouver des solutions.

Si vous confiez votre enfant à une grand-mère, les mêmes difficultés peuvent surgir et même se compliquer du seul fait que vis-à-vis de celle-ci vos réactions affectives risquent d'être ambivalentes et conflictuelles. En effet le comportement de votre mère vis-à-vis de votre bébé vous remet *ipso facto* sur le registre des manques, colères, insatisfactions ressentis dans votre petite enfance. Soit qu'elle répète ses erreurs éducatives sur le nouvel être, soit qu'elle soit avec lui comme elle n'a jamais été avec vous. Et combien de femmes se sentent dépossédées de leur enfant par leur propre mère !

Celle-ci s'empare du bébé et s'en occupe en faisant sentir à sa fille ses insuffisances, surtout si « elle travaille ». L'enfant-enjeu souffrira immanquablement de cette rivalité.

Avec une belle-mère, la relation se révèle encore plus difficile et complexe si la jeune maman transfère sur elle demandes ou revendications s'adressant en fait à sa propre mère. S'y mêlent aussi les sentiments conflictuels nés de la situation triangulaire : elle-même face au couple fantasmatique mari et belle-mère.

En prenant conscience de ce qui se joue dans les profondeurs de ses affects infantiles vis-à-vis de ses figures parentales, elle pourra éviter les pièges liés à cette situation.

Quant au mari, à la fois fils et père dans ce contexte, son attitude sera déterminante pour apaiser, voire résoudre le conflit, ou au contraire l'envenimer au détriment de chacun des protagonistes.

Les reprises difficiles après le week-end, ou au retour des vacances

La famille se retrouve réunie et souvent plus détendue pendant le week-end et les vacances. Les contraintes sont diminuées, les rythmes plus modulables selon les besoins de chacun, les temps de jeu et d'intimité vraisemblablement allongés. L'enfant de ce fait ressent davantage de sécurité et de confort, de plaisir aussi, et il aimerait les prolonger, vous aussi sans doute. Le jour de la reprise nécessite un effort d'adaptation pour votre petit comme pour vous.

La grande différence entre lui et vous se situe dans le fait que lui ose exprimer son mécontentement et parfois combien bruyamment ! Tandis que vous, non seulement vous vous interdisez toute manifestation émotionnelle spontanée mais encore vous l'étouffez sous la couverture épaisse du devoir : « Il faut aller travailler... Tu dois aller chez Mme X ou à la crèche... Il faut que je parte... Dépêchons-nous, nous allons être en retard », etc.

Les ressources les plus efficaces ne sont certainement pas cet appel au devoir. Elles se situent dans le registre de la motivation. C'est le moment de vous rappeler et de rappeler à votre enfant d'une voix douce et ferme pourquoi vous avez décidé de travailler, ce qui est bon pour vous et pour lui dans ce contexte, les bénéfices pour l'un et l'autre malgré les moments désagréables comme celui-ci. Cette mise au point ravivera votre détermination et calmera presque à coup sûr votre enfant comme chaque fois que vous partagez vos sentiments avec tendresse et conviction. Et s'il continue à protester, eh bien c'est son droit ! Il n'y a pas de quoi vous bouleverser. Vous lui avez donné les ressources nécessaires pour qu'il affronte la séparation ; manifester colère et/ou chagrin fait partie aussi de ses moyens pour gérer son stress.

Votre enfant refuse de manger quand il est à la crèche ou chez la nourrice, ou à la maternelle

Devant tout refus de manger manifestement non lié à un état de maladie, que ce soit avec les parents ou avec d'autres, la règle d'or est de ne pas forcer l'enfant et de ne pas s'inquiéter. Les médecins sont formels : aucun enfant bien portant ne se laissera mourir de faim et si vous réagissez avec calme, le problème ne durera pas longtemps. Les parents ont tendance à suralimenter leur progéniture. Les besoins des enfants varient selon leur âge mais aussi selon les jours et les mois, les périodes de leur croissance.

Un manque d'appétit persistant est à entendre comme un message relationnel. Se focaliser sur le symptôme risque fort d'aggraver les choses et de prêter à une sorte de chantage inconscient, l'alimentation devenant le lieu des conflits affectifs.

En raison de l'impact probablement important de la nourriture sur l'idée que vous vous faites d'une bonne mère, soyez constamment attentive à ce que vous ressentez quand votre enfant boude ses repas, et cherchez à analyser le pourquoi de votre réaction. Par exemple, quelle est la position de votre mère par rapport à cela ? Quelles ont été vos expériences d'enfant ? Quelles sont vos croyances au sujet de l'alimentation ? Quel est votre rapport personnel aux aliments ? La réponse à ces différentes questions peut éclairer votre compréhension du problème actuel. Et si vous trouvez des éléments signifiants, parlez-en à votre enfant. Par exemple, vous avez remarqué que lorsque vous êtes contrariée vous n'avez pas faim. Peut-être avez-vous pu relier cela à votre petite enfance ; votre mère vous a dit que vous étiez un bébé capricieux pour manger, dont la moindre chose dérangeait l'appétit, et qu'elle devait parfois faire beaucoup de pitreries pour que vous avaliez vos repas. Vous pouvez raconter cela à votre enfant, même s'il est encore petit bébé, en lui disant par exemple : « Quand tu ne manges pas bien, je pense que c'est pour montrer que quelque chose te contrarie. Moi aussi quand j'étais petite, je devais faire pareil avec ma maman, et encore maintenant quand je ne suis pas contente je n'ai pas faim, alors je te comprends et je ne veux pas te forcer à avaler, ni laisser quelqu'un te forcer. Mais je te dis aussi que tu peux me montrer ton mécontentement d'une autre façon, plus directe, et dès maintenant je vais chercher comment et quoi faire pour faire cesser ton mal-être. »

L'échange verbal installera un climat apaisant, et votre enfant mangera bientôt selon son appétit.

Un bébé allaité peut refuser toute autre nourriture que votre sein même en votre absence... Soyez sans inquiétude, le jeûne ne lui fera aucun mal. De nombreux tout petits de mères qui ne travaillent qu'à mi-temps ne boivent pas pendant les quelques heures où il sont séparés de leur maman. Ils se rattrapent après.

Votre enfant est propre chez vous et pas quand il est en garde ; ou l'inverse

Avec un symptôme différent, c'est la même dynamique que lorsqu'il s'agit de problèmes alimentaires. L'enfant se sert de son corps pour exprimer son malaise. Les remèdes sont donc du même ordre : chercher à comprendre ce qui perturbe votre bébé et lui en parler ; ne pas porter de jugement sur la personne qui s'occupe de lui mais envisager avec elle des aménagements possibles de la situation.

Sachez aussi relativiser l'événement. Ce n'est pas uniquement parce que vous travaillez et laissez votre enfant en garde qu'il a cette petite difficulté à acquérir de manière stable la propreté sphinctérienne. C'est peut-être aussi parce qu'il n'y est pas tout à fait prêt ; et même si vous restiez à la maison avec lui, il y aurait probablement tout autant d'« accidents » de propreté ou bien des retours en arrière momentanés dans d'autres secteurs d'acquisition.

Il est douloureux pour un petit de renoncer définitivement à un privilège, et il lui est nécessaire parfois de vérifier qu'il peut encore profiter de ses avantages de bébé même s'il est capable maintenant d'être un « grand ». Dans ce cas, la tolérance et la patience sont les meilleures ressources. Votre enfant sera rassuré par cette possibilité qui lui est donnée de régresser selon ses besoins, sécurisé par votre acceptation inconditionnelle et, de ce fait même, il se trouvera à nouveau stimulé dans son envie de grandir.

Votre enfant est très souvent malade

Il fait des rhumes ou des otites à répétition et vous craignez que ce soit à cause des sorties dans le froid du petit matin quand vous l'emmenez en garde.

Ou bien il « ramène des microbes ou virus » dès qu'il a été en contact avec d'autres enfants, chez la nourrice ou à la crèche.

Vous vous inquiétez. Pire, vous vous sentez fautive : ces maux sont causés par votre travail, et vous vous surprenez à penser que tous ces épisodes de maladie s'arrêteraient du jour au lendemain si vous stoppiez votre activité. D'ailleurs, pendant les vacances, votre enfant est resplendissant de santé.

Certes, les symptômes physiques sont un langage. L'enfant exprime à travers son corps ce qu'il ne peut pas dire par la parole. En même temps il trouve dans la maladie des satisfactions directement liées à son besoin : le refuge de la maison ou du lit par exemple, l'évitement du stress de la crèche ou de l'école, la présence attentive et plus ou moins inquiète de ses parents, parfois une plus grande tolérance à ses caprices. En prenant en compte à la fois la plainte somatique et le malaise psychologique, en s'occupant à la fois de son corps et de ses émotions, en l'invitant à parler de ce qu'il ressent, en particulier des contrariétés du moment, le parent peut aider l'enfant à trouver désormais d'autres moyens que la maladie pour s'exprimer et satisfaire ses besoins.

Rappelons ici les statistiques mentionnées au début de ce livre : les enfants des mères qui travaillent sont globalement mieux portants que ceux dont la mère reste à la maison.

L'âge scolaire et l'adolescent

Les problèmes concrets qui se posent aux mères sont bien entendu différents, les enfants n'exigeant plus ni les mêmes soins, ni la même surveillance pour leur sécurité.

Cependant, les mères ne sont pas moins préoccupées, car leurs soucis se déplacent sur d'autres cibles. Ce sont, entre autres, les devoirs, les sorties, les loisirs.

Les devoirs

Les femmes qui exercent un métier hors de la maison sont pour la plupart inquiètes de ne pas être en mesure de suivre d'assez près les études de leur progéniture. En cas de difficulté scolaire, ou bien elles accusent la maîtresse (mécanisme d'évitement de la culpabilité) ou bien elles se reprochent de ne pas être suffisamment présentes et vigilantes.

Certes, dès qu'un problème surgit, il est nécessaire de le prendre en compte. Cependant, le travail de la mère est-il en cause ?

L'écolier ne devrait pas requérir l'aide quotidienne de ses parents pour faire ses devoirs et apprendre ses leçons. Le soutien parental systématique limite l'autonomisation.

Un enfant aime se débrouiller seul et profiter de l'indépendance dont il est capable. Il y est naturellement enclin s'il se sent aimé et apprécié. Pour se construire, il a besoin d'expérimenter au quotidien la confiance de ses proches ; il la ressentira davantage si on le laisse gérer seul son travail. En cas de difficultés, il demandera l'assistance ponctuelle de l'un de ses parents, et se servira des éléments donnés pour résoudre ensuite lui-même son problème. Le plaisir d'apprendre se trouvera augmenté de la satisfaction d'avoir surmonté un obstacle.

Il est bien préférable que le temps passé avec les parents ne soit pas lié en priorité à ce qui concerne la scolarité. Partager certaines activités, des moments de jeu et de créativité, est plus enrichissant pour tous et donnera à l'écolier(ère) une stimulation valable pour s'intégrer à un monde d'adultes qui ne lui apparaîtra pas trop rébarbatif.

La grande peur des parents est l'échec scolaire. Pour le conjurer, aider l'élève représente la tentation majeure. Cependant, le soutien apporté, s'il est permanent, jouera le rôle de camouflage. Parfois il est plus utile de laisser l'enfant affronter les conséquences de sa négligence ou de ses oublis, mauvaises notes ou reproches. Ainsi il prendra la mesure de sa responsabilité.

Séverine se souvient de quand elle était petite fille et témoigne : « Mes devoirs, c'était moi avec l'école. Si la maîtresse avait demandé telle chose je le faisais parce que c'était important pour le cours et mes parents n'avaient rien à voir là-dedans. Par contre, si j'avais besoin de quelque chose, si je ne savais pas ou me posais des questions, j'allais voir les parents... Jamais je n'ai apporté mon cahier pour qu'ils regardent mes exercices. Jamais ils ne m'ont dit "donne-moi ton cahier pour que je regarde ce que tu as à faire pour demain...". Et c'était bien comme ça »

On peut suspecter qu'un enfant qui « ne fait rien si on n'est pas derrière son dos » est en manque. Certains de ses besoins ne sont pas suffisamment compris par les parents et il déplace un conflit sur le terrain scolaire.

Si un soutien pédagogique est cependant indispensable, on peut faire intervenir une personne extérieure. Elle sera plus neutre émotionnellement, et de ce fait plus efficace. Des parents auraient d'ailleurs intérêt à se rendre ce service mutuel de dépannage scolaire interfamillial.

La cantine

Pour la plupart des enfants petits et plus grands, rester à la cantine est pénible, voire insupportable.

Plusieurs facteurs interviennent :

– Ne pas manger à la maison implique pour les plus jeunes d'être privés de la présence sécurisante des parents et pour tous les âges ne pas avoir dans l'assiette la même nourriture que chez soi.

– Les petits redoutent de ne pas aimer les aliments proposés, et surtout d'y être forcés, de recevoir des réflexions désapprobatrices de ceux qui surveillent la cantine, et moqueuses des camarades.

– Ils n'aiment pas le bruit, le manque de liberté, la nécessité de respecter les contraintes imposées.

– La plupart n'aiment pas non plus la récréation qui suit le repas, parce qu'ils préféreraient à ce moment-là se retrouver dans leur cadre familier et faire ce qui leur plaît. Par contre, les plus grands peuvent apprécier les jeux collectifs, ou trouver des interlocuteurs pour des conversations, des partenaires pour des activités.

Certaines écoles sont conscientes du manque de calme, de détente qui entoure l'heure du repas et font des efforts pour que les enfants puissent manger plus tranquillement, à leur rythme. Dans les classes maternelles, les bambins peuvent généralement faire la sieste après le déjeuner. Même s'ils n'ont pas envie de dormir, ils ont au moins un temps de repos.

Si la personne qui surveille la cantine vous signale que votre enfant ne mange pas, si celui-ci se plaint de la qualité de la nourriture, veillez surtout à ne pas dramatiser. Le plus important pour son adaptation à la situation est qu'il ne se force pas et ne soit pas forcé. Cherchez avec lui des options. Écoutez-le, faites-le parler.

Quand l'âge et l'éloignement le permettent, ils aiment rentrer manger à la maison, même s'ils doivent se débrouiller seuls pour préparer leur repas. Garçons et filles se retrouvent alors à égalité devant cette tâche trop souvent réservée à la mère de famille et c'est une bonne introduction à la répartition actuelle et future des tâches ménagères.

Les vacances

Hormis dans quelques rares professions, les vacances sont plus fréquentes et longues pour les enfants d'âge scolaire que pour les parents. Les mères qui ne peuvent pas se libérer dans ces périodes-là en sont malheureuses. Peut-être ont-elles des souvenirs personnels de vacances pendant lesquelles elles ont éprouvé des sentiments de détresse. Ou bien elles sont angoissées par avance à l'idée de tous les dangers qui menacent leur chérubin quand elles ne sont pas là pour contrôler les événements. De toute manière, la plupart se demandent avec inquiétude comment faire pour que leur enfant soit en sécurité et au bon air et en même temps n'éprouve pas trop le manque parental. Pourquoi ne pas poser la question aux petits vacanciers ?

Est-il vraiment nécessaire qu'il parte loin de la maison ? S'il n'est pas assez mûr pour supporter une séparation ou s'il ne la désire pas, peut-être est-il meilleur pour lui de rester dans le contexte familier plutôt que de respirer « du bon air ». Écoutons ses goûts et ses craintes et aidons-le à faire ses choix. Quelque soit l'âge, les vacances ont besoin d'être parlées et jamais imposées.

Les loisirs

Beaucoup de mamans ne peuvent pas aménager leurs horaires pour s'occuper de leurs enfants le soir après l'école, et le mercredi toute la journée. Quand l'enfant grandit, il n'a plus envie d'aller chez une nounou ou à l'étude. Il veut profiter de ses nouvelles capacités d'indépendance, et choisir plus librement la manière dont il va occuper son temps. Comment concilier plus de liberté et assez de sécurité ?

Première considération : de quoi votre enfant a-t-il envie ? Comment envisage-t-il concrètement le déroulement de ses soirées, de ses journées sans école ? Vous pouvez l'aider à préciser ses goûts et désirs, exprimer ses envies et ses peurs éventuelles, vous faire part de ce qu'il se sent capable ou pas de faire, etc. Ensuite en tenant compte de ces éléments venant de lui, et de certains autres vous concernant [par exemple votre capacité à supporter qu'il passe un certain temps seul à la maison, ou qu'il rejoigne tel(s) copain(s)], voyez ensemble comment organiser soirées et journées pour qu'il fasse ce qu'il souhaite et que vous soyez suffisamment sécurisée.

Le point délicat consiste souvent à apprécier convenablement la capacité réelle de l'enfant à être seul. Il peut vouloir rester à la maison sans garde parce qu'il imagine qu'ainsi il sera libre de faire ce qui ne lui est pas toujours permis. Mais mis en situation, il risque de ressentir une grande peur dans une maison vide. Procédez donc par étapes, et donnez-lui l'opportunité de se mesurer progressivement à la solitude. Le téléphone est dans ces circonstances un excellent moyen de réassurance. Arrangez-vous (l'un des deux parents) pour être joignable afin d'assurer un recours en cas de panique, au moins tant que votre enfant n'a pas acquis un sentiment de sécurité suffisant dans cette situation.

La plupart des écoliers dont les mères travaillent sont habitués à se débrouiller seuls et ils organisent leur vie à leur convenance. La plupart sont jugés très raisonnables par leurs parents. Ces « enfants à la clé » comme ils sont parfois désignés parce qu'ils portent la clé de la maison autour du cou pour ne pas la perdre, rentrent après l'école dans un foyer où personne ne les attend. Ils s'organisent généralement bien pour faire leur travail scolaire. Cependant, la plupart disent ne pas aimer être confrontés à l'absence de l'adulte et avouent éprouver des moments de tristesse et d'ennui qu'ils gèrent en regardant la télé ou en s'adonnant aux jeux vidéo jusqu'au retour d'un parent.

Certes, ce n'est pas une situation idéale.

Les parents peuvent être tentés de confier les plus petits à un aîné. Mais cette solution ne doit être utilisée que ponctuellement. Par contre la présence d'un camarade de classe (ou même d'une autre classe ou école) peut être une ressource précieuse. Les devoirs gagnent à être faits en commun avec les copains. Le travail collectif est fructueux et prépare chacun à adopter des attitudes de coopération dans la vie. Vous avez peur qu'ils ne se dissipent ou ne fassent des bêtises ? « Quand le chat n'est pas là les souris dansent. » Vrai. C'est pourquoi il est peu judicieux de jouer au chat fouettard avec ses enfants. Les considérer comme des égaux est plus efficace. Si vous êtes trop contrôlante, ils vous laisseront parenter... et ne se prendront pas en charge. Vouloir par exemple remplir l'emploi du temps d'un enfant pour qu'il ne s'ennuie pas, ne traîne pas, ou « pour savoir où il est », risque d'avoir des effets pervers. Il vous fera confiance pour organiser ses activités et n'apprendra pas à gérer lui-même sa grille horaire.

On fait progressivement acquérir aux enfants le sens de leurs responsabilités en passant avec eux des contrats stipulant vos besoins et les leurs, les objectifs à atteindre et en mentionnant les bénéfices escomptés pour chacun.

Toutefois jusqu'à l'adolescence, même si on est capable de rester seul, la présence d'un adulte est bénéfique pour autant que celui-ci soit disponible mais non interventionniste. L'enfant d'une dizaine d'années n'a besoin ni de surveillance, ni de contrôle, mais de chaleur. La grande difficulté est de permettre à l'écolier des moments de retrait et de solitude au moment où il les choisit et non au temps imposé par les horaires parentaux. Des ressources en adultes disponibles de cinq à sept peuvent se trouver parmi les oncles et grand-parents ou dans une solidarité inter-familles. Pourquoi ne pas se réunir à quatre ou cinq pour assurer à tour de rôle une présence auprès des jeunes ?

À l'adolescence, les problèmes d'organisation matérielle sont bien moindres, mais la « surveillance morale » constitue la pierre d'achoppement pour beaucoup de parents. En effet c'est l'âge où se pose avec acuité la question fondamentale : qu'est-ce qu'il va devenir ? Comment le protéger des dangers qui menacent les jeunes à l'heure actuelle ? Or, par rapport aux risques encourus, la présence de la mère au foyer n'est pas une garantie puisque c'est la période où le jeune déserte la maison le plus souvent possible, ou quand il y reste, s'enferme volontiers dans sa chambre. Il serait donc bien dommage de se culpabiliser d'être au travail, et inadéquat de mettre quelque difficulté que ce soit sur le compte de la profession. À cet âge, le dialogue au moment opportun est la meilleure ressource ; c'est donc essentiellement la disponibilité affective du parent qui compte, son ouverture, sa capacité de communiquer authentiquement.

Un adolescent apprécie de discuter avec une personne qui ne représente pas seulement sa génitrice, mais quelqu'un qui a sa vie propre, un investissement extérieur au foyer et une valeur sociale. N'hésitez pas à lui parler de vous, de votre travail, de vos centres d'intérêts. Partagez vos passions. Nous avons vu au chapitre 7 combien les adolescents ont besoin de pouvoir admirer leurs parents. En vous connaissant mieux, ils pourront vous apprécier et vous estimer davantage qu'à travers le train-train de la vie familiale.

À tous les âges

Une mère qui travaille peut donc être une mère « suffisamment bonne » telle que nous l'avons définie au chapitre 5. Quelque soit l'âge de ses enfants, elle dispose de solutions, de manières de faire et d'être qui diminuent les tensions, les incompréhensions, et lui évitent le douloureux sentiment de culpabilité. Mais ces moyens sont difficiles à mettre en œuvre après la journée de travail, le stress des transports, et face aux tâches ménagères. Pour être disponible à l'enfant, ouverte à l'écoute, il est important de prendre au préalable un temps pour soi, de relaxation, de ressourcement, instaurer un sas entre le bureau et le foyer. Cela impliquera peut-être quelques minutes supplémentaires de garde pour le plus petit mais le climat de la soirée s'en ressentira positivement et les enfants en seront les premiers bénéficiaires. Rappelons-le, prendre suffisamment soin de soi est une des meilleures garanties de leur bien-être.

11.

Une vraie communication

Pour sortir de la culpabilité vis-à-vis de ses enfants, il est utile de vérifier la réalité de leur vécu en évitant de projeter nos angoisses.

Plus les enfants sont responsables, moins la mère se sent coupable. Mais une mère anxieuse aura bien du mal à responsabiliser ses enfants, car il lui sera plus difficile de leur permettre de faire « tout seuls ». Et comment graduer l'indépendance ? À partir de quel âge peut-on les laisser se débrouiller et dans quelle mesure ? L'éducation est une négociation permanente. L'écoute, le dialogue, la recherche commune des solutions seront les garants d'une autonomisation progressive dans le respect des besoins de chacun.

Une vraie communication place parent et enfant sur un pied d'égalité et de respect mutuel. Elle crée un espace relationnel dans lequel chacun assume sa part de responsabilité. C'est la base d'une manière d'être avec l'autre, fondamentalement différente de celle que nos habitudes nous conduisent à avoir spontanément. Car, à dire vrai, dans les conversations habituelles, chacun « voit midi à sa porte ». On est plus facilement dans sa tête, dans son projet, que vraiment à l'écoute de celui qui s'exprime. Et, à cette difficulté d'attention à la réalité de l'autre, s'ajoute le déséquilibre du pouvoir entre parents et enfants. Nombre d'adultes hésitent à faire confiance à leurs rejetons. Ils sont certains de connaître mieux qu'eux leurs besoins et convaincus qu'ils doivent les diriger pour bien les élever. Chargeant leurs épaules de toutes les responsabilités et sans vérifier la réalité de ce que vit l'enfant, les parents prêtent le flanc à une culpabilisation excessive. Mais comment les enfants ressentent-ils notre travail, nos absences ? S'ils en souffrent, de quelle manière ? Leurs résultats scolaires, maladies, comportements sont-ils en relation avec notre manque de présence à leurs côtés ? Mettons-nous à leur écoute.

La vie psychique des enfants, leur vision du monde sont fondamentalement différentes de celles des adultes. De ce fait, saisir ce que veut dire un enfant demande ouverture, disponibilité et attention.

Conversations codées : Écouter

Le langage des gosses est à décrypter. Ils expriment tout, mais dans leur dialecte codé.

Leurs émotions sont les premiers objets de dissimulation. Pourquoi ? C'est simple, la plupart des parents n'en aiment pas les manifestations. Ils les ridiculisent :

« un grand garçon ne pleure pas ; tu es laide quand tu es en colère ». Ils les nient : « si tu pleures, c'est que tu es fatigué » ; ou cherchent à les faire cesser : « si tu fais la comédie, tu n'auras pas de glace ». Même quand les gamins explosent de joie, il arrive qu'il leur soit demandé de mettre le couvercle sur leur spontanéité : « Ne hurle pas comme ça ! On n'entend que toi. » Ils apprennent très vite à utiliser des détours, à faire comme s'ils ne sentaient rien, voire à remplacer un affect par un autre. De plus les grandes personnes leur donnent constamment des modèles de codage. Il est rare que nous parlions franc : « J'ai trouvé papy particulièrement fatigué ce dimanche. Tu ne crois pas qu'on devrait plutôt aller ailleurs cet été ? » Il est évident que Luc a envie d'aller à la mer, et souhaite échapper aux vacances chez les beaux-parents mais il utilise une formulation détournée qui lui évite de prendre la responsabilité de son désir.

Pourquoi utilisons-nous ce style indirect ? Parce que depuis l'enfance on nous a appris à ne pas dire « je veux », à dissimuler nos désirs sous des dehors « acceptables ». Nos messages y perdent évidemment en clarté et risquent de devenir sources de malentendus.

Dans la relation aux enfants, la communication codée entraîne conflits et jeux de pouvoirs.

« Va te coucher, tu es fatigué », dit maman en lieu et place de : « Je suis fatiguée, j'aimerais que tu ailles te coucher pour avoir du temps pour moi.

— Non, je ne suis pas fatigué, répond le petit.

— Tu as les yeux qui se ferment.

— C'est pas vrai. »

La lutte se terminera en pleurs...

L'échange verbal est comparable à une partie de ping-pong : chaque joueur prend à peine le temps de regarder la balle arriver dans son camp ; il la renvoie illico dans le territoire de l'autre. Après quelques minutes comme après des heures, le résultat est le même. Conséquence invariable de ce jeu de pouvoir, chacun peut dire, et à juste titre : il ne m'a pas écouté, pas compris, et c'est à chaque fois pareil ! Les parents disent : « Il me résiste ! »... Les petits pensent : « C'est pas juste. »

Pour décoder la réalité de l'enfant il s'agit d'abord de se préparer à accueillir ses émotions, même si elles nous mettent mal à l'aise ou risquent de nous remettre en cause ; puis utiliser soi-même le langage le plus direct possible. Les expressions les plus authentiques seront autant de permissions pour l'enfant. « J'en ai assez de ramasser tes nouilles » sera plus efficace que « Tu es insupportable » ! Et : « Je suis en colère après toi quand tu ne fais pas ce que je t'ai demandé », sera meilleur que : « Qu'est-ce que j'ai fait au bon Dieu pour hériter d'un gosse pareil ? »

Nous avons diablement tendance à utiliser ces stratagèmes manipulatoires que sont les **messages-tu** au lieu de **messages-je**, comme les nomme Thomas Gordon. Nous nous servons de formulations qui accusent, mettent en cause l'autre au lieu de prendre la responsabilité de ce que nous avons à dire ou à demander.

Effrayée par les dangers liés aux sorties tardives, la mère d'une grande fille lui dira en « message-tu » : « Tu ne peux pas sortir ce soir, tu n'as pas fini ton travail, et demain matin tu ne serais pas en bonne forme pour l'école ! Tu as déjà bien assez de retard comme cela ! »

L'adolescente comprendra certes que sa mère n'est-pas d'accord pour qu'elle sorte, mais entendra aussi qu'elle n'est pas sérieuse dans son travail. Elle ne peut accepter cet amalgame sans se rebeller... c'est le conflit assuré.

Du « vrai » sujet, en l'occurrence la préoccupation de la mère en rapport avec le danger encouru, il n'a pas été question.

Une formulation en « message-je » pourrait être : « Je suis inquiète quand tu sors le soir, alors je n'ai pas envie que tu y ailles. » L'adolescente pourra certes protester, mais elle ne se sentira pas jugée. Elle saura comprendre l'angoisse de sa mère et toutes deux pourront dialoguer dans le respect mutuel des besoins de chacune de façon à trouver une solution satisfaisante.

Il est clair que l'utilisation des « messages-je » va de pair avec le renoncement au pouvoir sur l'autre. La mère n'obtiendra pas que sa fille « obéisse » ou « se soumette ». Elle devra accepter une option intermédiaire qui la libérera de son angoisse, mais qui respectera aussi suffisamment le désir de sortie de sa fille.

Les « messages-tu » ne permettent pas de résoudre un problème. Dans la relation inégale entre parents et enfants, ils sont malheureusement efficaces pour clore le bec au plus faible et donc bloquer la communication.

Lorsqu'il y a un problème dans la relation, le parent doit se demander « qui souffre de la situation ? ». Si c'est lui-même, il a intérêt à formuler un « message-je ». Si c'est l'enfant, à se mettre en écoute.

Rappelons le viel adage : « La parole est d'argent mais le silence est d'or. »

Au lieu d'orienter la conversation, il est préférable de laisser l'enfant initier la communication. Se taire, c'est déjà donner un message d'acceptation. Par le langage non verbal : posture, regard, mimiques... nous émettons des signes de disponibilité qui proposent à celui que nous écoutons un silence « habité », chargé d'empathie. Seulement voilà, le silence nous intimide. Pour le tenir, nous devons nous libérer de l'obligation de trouver des solutions pour l'autre et accepter que surgissent sujets tabous, émotions, demandes, etc.

Questionner

Nos stéréotypes verbaux nous amènent habituellement à formuler des questions précises auxquelles il ne peut être répondu que par oui ou non, voire par un mot, à la rigueur une phrase. « Est-ce que tu as faim ? », « As-tu bien dormi ? », « As-tu bien travaillé ? » demande-t-on volontiers à nos rejetons.

Thomas Gordon désigne ce type d'interrogations par le terme **questions fermées**. L'enfant aurait bien d'autres choses à nous dire, mais puisque nos questions ne concernent qu'appétit, sommeil ou travail, après une brève réponse donnée rapidement pour se débarrasser, il pourra considérer qu'il n'a plus qu'à se taire.

Voici un exemple de dialogue entre mère et fils de 7 ans à la sortie de l'école :

« Alors, ça a marché l'école aujourd'hui ?

— Ben oui...

— Tu as bien travaillé ?

— À peu près...

— Et tu as bien mangé à la cantine ?

— Oui...

— Et à la récréation, tu t'es bien amusé ?

— Bof... »

L'échange est pauvre... Le parent ne saura rien.

Les centres d'intérêts des enfants sont rarement en phase avec les nôtres, leur monde intérieur est fort différent, leurs inquiétudes également. En entamant le discours sur un sujet précis, nous courons le risque d'être à côté de la (leur) plaque.

Sur le plan de l'école par exemple, *notre* objectif, notre préoccupation parentale, est la « réussite ». À court terme, de bonnes notes nous rassurent sur le fait que « tout va bien ». À moyen terme, elles éloignent le spectre du redoublement et écartent, au moins provisoirement, l'échec scolaire. L'adulte envisage aussi à long terme la poursuite des études, l'avenir professionnel...

Voyons maintenant en quoi peuvent consister les objectifs du petit garçon. À court terme, il est probablement animé de quelque chose comme : finir vite ses devoirs pour jouer tranquillement, être aussi bon que Vincent, faire plaisir à la maîtresse... À moyen terme, il souhaite avoir de suffisamment bonnes notes pour montrer qu'il n'est pas nul, pour que les copains ne rigolent pas de lui. Mais il ne peut quand même pas avoir de trop bons résultats pour ne pas se démarquer du reste de la classe ! Quant au long terme, il n'existe pas pour les petits. Lorsque Bernard, sept ans, se projette dans l'avenir, et annonce désirer faire tel métier comme Papa, Maman, ou Un Tel, être pâtissier, pompier ou docteur, ce sont des images d'identification ou des expressions de désirs immédiats (manger des gâteaux, conduire un camion rouge, sauver des gens...). Les enfants jeunes ne peuvent pas encore réfléchir en termes de continuité, de finalité lointaine.

Ils vivent essentiellement dans le temps présent, engagés dans l'intensité du moment avec toute sa charge émotionnelle, de plaisir ou de difficulté.

Parents et éducateurs peuvent donc épargner aux enfants les questions fermées sur leur travail comme les discours raisonnables à base de « il faut bien que tu comprennes... il faut que tu saches... », et les mises en garde : « si tu ne travailles pas bien en classe, tu ne pourras pas... ».

La voix intérieure de notre culpabilité nous pousse à questionner l'enfant sans précaution pour aller – soi-disant – droit au but. Il vaut mieux s'y prendre autrement pour avoir de vraies réponses.

Thomas Gordon préconise les **questions « ouvertes »** qui invitent l'autre à faire part librement de ce qui le préoccupe, respecte sa liberté de faire ou non les développements de son choix, et nous permet de le suivre pas à pas dans l'exploration de ce qu'il peut nous dire.

Dans le désir de venir en aide rapidement à l'enfant, on a souvent tendance à faire tout de suite appel au raisonnement en court-circuitant le passage par l'émotion et les représentations imaginaires, étapes nécessaires de la gestion du problème.

Voici quelques ouvertures :

Que ou qu'est-ce que ?

Que penses-tu de cela ? (de l'attitude de cette personne, de tel comportement...).

Qu'est-ce que tu ressens ? (devant tel événement, telle proposition).

Qu'est-ce qui te rend triste ? en colère ? (quand cette émotion est manifeste).

Et quand la situation a été longuement parlée, les émotions éxprimées, on peut en venir à : – Qu'est-ce que tu envisages comme solution ?

Qu'est-ce que tu peux faire ?

Qu'est-ce que je peux faire ?

Qu'est-ce que nous pouvons faire ?

Comment

Comment ressens-tu cela ? (cet événement, heureux ou malheureux).

Comment vis-tu les choses ? (cette situation).

Comment comprends-tu cela ? (cette difficulté).

Comment imagines-tu la suite ? (de ce problème).

Comment puis-je t'aider ?

De quoi ?

De quoi as-tu peur ?... ou de quoi as-tu le plus peur ?

De quoi as-tu besoin ? (pour faire telle chose).

Un dialogue utilisant des questions ouvertes est plus riche :

Bruno, huit ans, rentre de l'école de mauvaise humeur et commence à se plaindre de la maîtresse à sa mère, « elle est injuste » dit-il.

« Raconte...

— Elle m'a mis deux à ma dictée.

— Qu'est-ce que tu t'es dit ?

— Tu te rends compte... Elle m'a mis deux parce que j'avais fait huit fautes... et elle a mis quatre à Gilles qui fait toujours bien plus de fautes que moi.

— Alors qu'est-ce que tu as ressenti ?

— Qu'elle préfère Gilles... C'est son chouchou.

— Qu'est-ce que tu veux dire ?

— Ben, qu'elle est pas juste... Et puis elle aime que Gilles, parce que lui, il fait pas de bruit en classe, et puis il va toujours la voir à la récré... et il lui amène des fleurs quelquefois...

— Qu'est-ce que ça te fait tout ça ?

— La maîtresse m'aime pas, pas autant que Gilles en tous cas. Et pourtant, il fait aussi beaucoup de fautes à ses dictées, des fois même plus que moi... c'est pas juste.

— Comment ça se fait que tu aies souvent beaucoup de fautes ?

— Je sais jamais quand il faut mettre un s ou pas... et puis quelquefois j'entends pas tous les mots de la maîtresse ; j'en manque, et elle les compte comme des fautes... C'est pourtant pas des fautes puisque je les écris pas...

— Et qu'est-ce qui se passe pour que tu n'entendes pas tous les mots ?

— Je me demande tout le temps s'il faut mettre des s ou pas, et la maîtresse elle continue à dicter...

— Comment penses-tu que je pourrais t'aider à faire moins de fautes ?

— Je sais pas... J'aimerais bien faire zéro faute pour que la maîtresse soit contente.

— Voyons ensemble... »

La mère n'a pas pris parti ; n'a jugé ni Bruno, ni la maîtresse, ni Gilles. Sa façon de mener le dialogue a permis d'évoquer le problème sous ses différents aspects. L'enfant s'est senti entendu, il a exprimé ce qu'il avait sur le cœur. Il est disponible pour élaborer des solutions et y coopérer.

Supposons que la maman de Bruno ait réagi en « mère qui se sent coupable de tout », elle aurait probablement exprimé de suite son opinion *a priori* sans même laisser à son petit garçon le temps de s'expliquer. Imaginons leur dialogue, forcément beaucoup plus court puisque Bruno n'aurait pas eu l'opportunité de se raconter.

« La maîtresse n'est pas juste.

— Tu te trompes sûrement, elle est pareille avec tous les enfants. Mais aussi, est-ce que tu travailles seulement ?

— ... (Bruno baisse la tête et ne répond rien.)

— Quelle note as-tu eue à ta dictée aujourd'hui ?

— Deux » (dit Bruno dans un souffle).

— Est-ce que tu prépares tes dictées comme je te l'ai dit le soir avant que je rentre ? » (s'enquiert la mère qui se sent coupable de ne pas avoir le temps d'aider son fils dans son travail scolaire).

Au terme de cet échange, Bruno est encore plus malheureux ; ce n'est plus seulement la maîtresse, mais aussi sa maman qui se montre injuste. Décidément il déteste la dictée et l'école. Et la mère de son côté rumine son sentiment de culpabilité, d'insuffisance, et d'inquiétude vis-à-vis de l'avenir.

Avec les adolescents, la communication sans jugement est particulièrement adaptée. Elle leur manifeste notre ouverture, notre disponibilité sans courir le risque de tomber dans un comportement inquisiteur.

Vérifier

Les perceptions d'un enfant sont tellement différentes des nôtres qu'il est toujours utile de vérifier ce que nous avons compris. « Tu veux me dire que ?... Est-ce que je dois comprendre que ?... (que tu as du mal à suivre la maîtresse pour reprendre l'exemple de Bruno...). Ces phrases invitent l'enfant à éclairer plus encore les zones d'ombre de sa pensée.

Particulièrement dans des situations chargées d'émotions, en décodant l'affect sous-jacent, nous pouvons le nommer de façon à ce que l'enfant puisse le reconnaître et l'exprimer. « Cela te rend triste », ou bien « tu es triste quand... ». Idem pour la peur, la colère, les sentiments positifs ; le partage de l'amour et de la joie est aussi à cultiver... « Je comprends que tu as beaucoup de plaisir à faire cela »... « que tu aimes très fort. .. », etc.

Marion 6 ans et demi a été malade. Elle retourne à l'école après avoir manqué deux jours. Le soir, elle annonce tout de go qu'elle n'aime plus aller en classe, que ça ne sert à rien d'apprendre à lire, et puis elle est encore fatiguée et veut rester à la maison demain !

Une mère coupable de travailler aurait pu décoder les premiers mots de Marion comme une demande de rester plus auprès d'elle à la maison. Désirant couper court, elle aurait alors dit : « De toutes façons je ne peux pas te garder à la maison, moi, il faut bien que je travaille. »

Voyons d'autres options : il est inutile de la sermonner, de lui expliquer combien l'école est importante ou de lui imposer quoi que ce soit... Il s'agit tout d'abord d'explorer ce qui s'est passé dans cette journée à l'aide de questions ouvertes :

« Qu'est-ce que ça t'a fait (une petite fille de 6 ans et demi ne sait pas bien ce que le mot « ressenti » veut dire) de retourner à l'école après avoir manqué ?

— Ils avaient appris une page de plus en lecture.

— Ah ! et alors toi ?

— Eh ben, moi je savais pas...

— Ben non, tu savais pas...

— Et puis j'aime plus l'école... »

Marion revenant à une phrase déjà dite nous montre ainsi que pour le moment, elle n'est pas prête à développer davantage.

Une explication sur ce que nous comprenons de la situation, une « reformulation » lui permettra d'aller plus loin.

« Est-ce que tu veux dire que tu as peur de ne plus bien suivre en lecture à cause de la page qu'ils ont appris sans toi ? »

Marion est en larmes. Après l'avoir laissée pleurer le temps qu'elle se soulage de son excès de tristesse, ajoutons : « Je comprends que c'est difficile pour toi... et je vois que cela te rend triste... »

Ce n'est que lorsqu'elle sera consolée qu'il sera temps de lui demander : « Comment penses-tu que nous pourrions faire pour que tu puisses rattraper ta page de lecture ? »

La négociation des besoins

Négocier veut dire que chacun est prêt à faire quelque chose pour respecter les besoins de l'autre, trouver une solution ou des options nouvelles. Si les demandes sont inconciliables à première vue, chacun sera amené à accepter de réduire son bénéfice, ou à modifier quelque peu son projet. Le but de l'opération est que chacun ait une satisfaction suffisante, et que dans la transaction il n'y ait ni perdant ni gagnant.

Les enfants sont très performants pour trouver des solutions créatives quand nous les incitons à négocier. Considérés comme des égaux, ils se sentent motivés et se mobilisent pour faire aboutir positivement la négociation.

Dans la famille Martin, mettre le couvert du soir est toujours un problème. Les quatre enfants sont censés mettre la table à tour de rôle mais presque chaque jour c'est l'objet de disputes. L'un prétend l'avoir fait plus souvent qu'à son tour ; l'autre se plaint que ce soir il a encore des devoirs, etc. Maman, qui a pourtant travaillé toute la journée, préfère parfois s'en occuper seule pour ne pas subir ces chamailleries.

Nous sommes typiquement dans une situation de besoins contradictoires. Les parents veulent que les enfants mettent le couvert et aucun de ceux-ci n'en a envie.

Une réunion de tous est proposée et, au cours de cette rencontre, en écoute active, chacun des parents et chaque enfant exprime son ressenti, son point de vue, et propose sa ou ses solutions. On les note toutes pour les discuter ensuite et retenir la meilleure. Ensuite, chacun s'engage à prendre sa part de responsabilité en vue de la bonne réussite du projet commun.

La famille Martin a décidé de placer dans la cuisine un tableau indiquant chaque jour qui devra s'occuper de mettre la table. L'inscription au mur donne la garantie d'une mémoire ; les enfants mettent des dessins à côté de leur nom ; une nouvelle dynamique est créée...

Éducation ou accompagnement ?

La croissance est un processus de deuil permanent ; se séparer de l'ancien pour faire de la place à du nouveau. C'est une tâche souvent difficile pour laquelle nos petits ont besoin de toute notre compréhension et de nos encouragements, de notre tolérance aussi quand il y a des retours en arrière, des comportements dérangeants ou non conformes à l'image que nous avons d'un enfant « bien élevé ».

« Mon bébé de 10 mois commence à manger seul. Il éprouve beaucoup de plaisir à manier la petite cuiller, à réussir à la mettre à sa bouche, mais quand il n'a plus faim il joue avec la nourriture et en met partout. J'ai bien envie de me fâcher, surtout que comme d'habitude, je suis pressée. »

Deux attitudes opposées peuvent être adoptées :

– Je commence à gronder... Je prends moi-même la cuiller pour faire manger le reste de la nourriture à ma petite fille. Elle refuse, veut me reprendre la cuiller. Comme elle s'y oppose, la purée se répand alentour. Je suis en colère et le ton de ma voix monte. Bébé se met à pleurer et le repas se finit en catastrophe. Et peut-être le prochain ne se passera pas bien d'emblée car l'expérience engrammée est chargée d'un vécu désagréable.

La petite fille ne sera plus « motivée » à manger seule ; peut-être même voudra-t-elle revenir au biberon qui apportait un plaisir tranquille et sécurisant.

– Je laisse mon bébé jouer avec le reste de son assiette tout en limitant les risques de désagrément pour moi ; par exemple, je mets une toile cirée sur l'espace concerné. Il est bien évident que la situation ne va pas durer très longtemps. Ma petite fille aura rapidement envie de faire autre chose, en particulier de descendre de sa chaise pour se livrer à d'autres plaisirs. Et puis de cette manière, au prochain repas, elle abordera la situation avec plaisir puisqu'elle aura engrammé une expérience agréable.

Quel que soit l'âge, la dynamique est la même. Il s'agit de respecter le plus possible les initiatives de l'enfant ou de l'adolescent. Elles sont issues de sa motivation à grandir, même si elles nous apparaissent maladroites et inadaptées dans le moment. En nous mettant à l'écoute, nous éviterons la directivité et les blocages. Nous serons en mesure de fournir des repères et de proposer des ressources. Dans cette perspective, nous pouvons envisager notre responsabilité de parent comme étant celle d'un accompagnant sur le chemin de la croissance. Accompagner, c'est marcher à côté de l'autre, une main disponible pour qu'il la prenne s'il le souhaite, l'autre prête à intervenir activement pour faire respecter les limites de sécurité.

12.

En guise de conclusion : Dialogue mère fille

Tu m'as fait, maman, le plus beau cadeau qu'une mère puisse un jour faire à son enfant. Le cadeau de ta vérité, m'autorisant à trouver la mienne.

Le mensonge du parent qui protège son image et fuit ses sentiments de culpabilité enferme l'enfant dans une cage d'impuissance et de solitude. Les chaînes de l'incompréhension sont les plus tenaces.

Ton humilité a rétabli la justice, a permis la clarté et m'a réparée dans mon amour blessé.

Merci d'avoir assumé ta responsabilité de mère, en faisant ce qui est le plus difficile pour une maman, reconnaître que tu avais pu être à mes yeux une « mauvaise mère ».

Je t'ai dit ma colère et mes rancunes,
je t'ai dit qui j'étais,
tu m'a écoutée.

Tu m'as dit tes excuses et tes regrets,
tu m'as dit qui tu étais,
et je t'ai écoutée.

Je peux enfin reconnaître que je suis ta fille,
je peux enfin reconnaître et surtout aimer en moi
ce que j'ai hérité de toi.

Tu m'as fait le plus beau cadeau qui soit au monde,
parce qu'en fait le seul vrai don,
tu m'as fait l'offrande d'un amour véritable,
celui de l'écoute et du respect,
celui de l'authenticité sans fards,
celui de la vérité partagée.

Ce n'est pas parce que tu as été une mère parfaite que je t'aime
mais parce que tu as su être humaine et mon égale.

Isabelle

Si je pouvais redevenir maman... Si je pouvais récrire l'histoire de ma vie avec toi, ma fille, ma toute petite fille... D'abord je prendrais plus le temps de te tendresser, de te regarder grandir, de te dire combien je t'aime... Et puis je jouerais plus avec toi, je rirais, je chanterais, je danserais, je t'inventerais des histoires à dormir debout... Et encore mieux, je « perdrais du temps » à rester à ne rien faire, juste présente et disponible, profitant du moment présent passé avec toi.

Je prendrais ma vie, notre vie, plus à la légère... Finalement, ce qui nous a le plus manqué à toi et moi, ce n'est pas tellement la quantité de temps passé ensemble, mais le jeu, le plaisir partagé.

Certes, il était là le plaisir pour moi, le plaisir profond, immense, énorme, de t'avoir pour fille, mais en même temps, au plus profond de moi, je ressentais qu'il fallait que j'en paie le prix. Cette croyance plus ou moins consciente me déterminait à en faire toujours plus sur le registre des choses « utiles » : tâches ménagères, ou travail professionnel, gagner toujours plus d'argent pour te donner plus de confort, de sécurité. Et pourtant j'en avais souffert moi aussi de ces « valeurs » transmises par mes parents.

Je comprends maintenant que j'avais, tapi au fond de moi, un vieux message transgénérationnel : « les parents qui aiment leurs enfants se sacrifient pour eux ». Si je m'étais permis de prendre tout ce plaisir « gratuit » avec toi, celui des jeux et des rires, j'aurais échappé au sacrifice nécessaire, gage d'un instinct maternel de bonne qualité. En souffrant en silence, en « méritant » le cadeau de la vie qu'est un enfant, je me protégeais de la peur d'être une mère pas assez dévouée, donc pas assez aimante. Du même coup, j'espérais échapper au risque d'en être punie dans et à travers la personne même de mon enfant.

Un autre manque que je n'ai pas su combler, c'est celui du partage de mes émotions ; j'ai cru que, pour te préserver, te protéger de la tristesse, il était bon que je fasse « bonne figure » quoi qu'il m'arrive, que je ne me montre jamais impatiente ni fâchée, bref que je sois une mère « parfaite », parfaitement contrôlée. Mais bien sûr par moments j'avais des tristesses, des révoltes, des peurs ; si seulement je te les avais dites... cela m'aurait évité de porter un masque dont tu n'étais pas dupe au fond de toi. Peut-être en me/te racontant, une larme se serait échappée de mes yeux, mais quel mal à cela... Au contraire ; tu m'aurais accompagnée dans mon émotion du moment et, dans ce partage, elle eût été soulagée, si ce n'est évacuée, et nous aurions ensuite pu rire ensemble.

Si je pouvais redevenir maman, je te raconterais aussi mes rêves... En te faisant part de ceux que j'ai réalisés et de ceux que j'actualise, je te montrerais que certains rêves peuvent devenir réalité. Et, en te faisant part de ceux que je n'ai pas réalisés, je ne pourrais pas ensuite inconsciemment te demander de les réaliser à ma place. Ainsi, nous saurions clairement toutes deux quel rêve appartient à qui. Si je pouvais redevenir maman... Je me réjouirais tout simplement de savoir que là où tu en es de ta vie, tous les possibles sont devant toi, et je me réjouirais de les voir s'exprimer quels qu'ils soient. Parmi toutes ces voies ouvertes, lesquelles vas-tu emprunter ? Lesquelles vas-tu délaisser ? Je serais convaincue que seules tes expériences pourront t'enseigner ce qui te convient. Mon rôle est seulement de te protéger et de te soutenir – juste ce qui est nécessaire – pour que tu développes ce qui est déjà en toi. Et là, attention à ma mauvaise conseillère : l'anxiété. Heureusement, elle a aussi une bonne compagne : la confiance ! Je les ferais dialoguer pour qu'elles négocient...

Cela ne s'est pas passé ainsi... Nous avons vécu autre chose... et nous nous en sommes expliquées.

Anne-Marie

Oh oui maman, j'aurais aimé que tu pleures avec moi, j'aurais aimé que tu me montres tes colères, que tu vives devant moi tes frustrations. Parce que tes émotions, je les voyais sur ton visage, je les sentais malgré tes efforts pour te contrôler. Je voyais d'ailleurs aussi tes efforts de dissimulation. Je me sentais exclue. Pourquoi tu faisais semblant ? Pourquoi tu ne me laissais pas partager ta vie ? Est-ce que tu ne m'aimais pas ? Je ne comprenais rien, je me sentais toute seule, vaguement de trop dans cette famille. Confusément je pensais que j'y étais probablement pour quelque chose, qu'il devait bien y avoir une ténébreuse raison pour que nous ayons tant de mal à communiquer, une raison pour que tu ne m'aimes pas. Ta tristesse, je l'ai prise sur mes épaules. J'aurais tant voulu que tu ries avec moi, que tu joues avec moi. Mais je n'osais pas trop t'approcher, j'avais peur de te déranger, je voyais bien que tu avais déjà tellement de travail, tellement de choses à faire. J'essayais bien de m'occuper de mes frères pour te soulager, je tentais de les contrôler pour qu'eux non plus ne te dérangent pas, pour qu'ils se conforment aux règles que je m'étais données, qu'ils soient sages comme moi. Là aussi j'échouais assez vite, ils ne m'obéissaient pas, et allaient vers toi. Je les regardais se jeter dans tes jupes. Et tu les prenais dans les bras. Et je me sentais exclue de nouveau. Parfois j'essayais aussi de courir vers toi, je jouais la petite fille gaie. Comme toi, je faisais « semblant de rien ». Mais le cœur n'y étais plus. J'étais à distance « respectueuse » de ma mère parfaite. Tu ne me parlais pas de toi, alors moi non plus je n'ai pas osé partager avec toi mes tristesses, mes peurs, mes difficultés à vivre. Comme c'était dur à l'école parmi les autres enfants, comme j'avais du mal à jouer avec eux, comme je me sentais seule. Et comme ça aurait pu être différent si on s'était parlé toutes les deux ! Comme j'aurais aimé pouvoir pleurer sur ton ventre. Comme j'aurais eu besoin de hurler mes rages et de me blottir contre ton sein. Mais je n'avais pas le droit d'être triste. J'étais une petite fille heureuse ! Si je venais dans tes bras, c'était toujours en me contrôlant. Pour ne pas te faire mal. Tu étais déjà si triste, si fatiguée, si épuisée, je n'aurais pas osé t'alourdir de mes malheurs. Je n'aurais pas voulu que tu ne travailles pas, j'aurais juste voulu que tu sois heureuse, et que tu me fasses sentir combien la vie est belle et vaut la peine d'être vécue. À l'école, j'étais plutôt fière de pouvoir écrire, chaque début d'année, le mot « psychanalyste » devant : « profession de la mère » sur le questionnaire de l'école.

Mais je ne pouvais même pas être vraiment fière de toi parce que tu me disais que ce travail était une contrainte. Tu m'expliquais qu'il fallait le faire pour que nous puissions vivre. Alors je te percevais victime de la société, malheureuse et impuissante. Je n'aimais pas avoir une mère malheureuse. J'aurais tellement préféré que tu me fasses partager ton plaisir à travailler, à te réaliser. Que tu me parles, que tu m'expliques ce que tu faisais non pas pour te justifier de n'être pas à mes côtés, mais pour me montrer à quel point c'etait important pour le monde et pour la société que tu fasses ce travail. Ça m'aurait donné envie moi aussi d'apprendre et de travailler. J'aurais peut-être eu plus de plaisir à l'école. Mais tu me disais que je devais y aller, que c'était une contrainte.

J'avais mal à toi, et pourtant jamais je n'ai supporté qu'on dise du mal de toi. À mes yeux, tu étais parfaite en tout. Si d'aventure on critiquait ta façon d'élever tes enfants, je te défendais bec et ongles. Il n'était pas question de penser que tu pouvais parfois avoir tort. Pas question de penser que notre famille n'était pas idéale et parfaite. Si j'étais malheureuse, cela ne concernait que moi. Ce ne pouvait être de ta faute à toi. Avec papa non plus, ce n'étais pas facile. Mais ici, je te parle à toi.

J'ai grandi. J'avais bien sûr du mal à communiquer avec les autres. Je dissimulais à tous et à moi-même, mes émotions, mes doutes, mes détresses. Tu m'avais appris à mettre le masque de l'efficacité, je le portais avec énergie et conviction. Puis un jour, j'ai fini par écouter ma souffrance, ma solitude intérieure. Et j'ai commencé à comprendre mon histoire. Je n'ai plus voulu de cette tristesse qui alourdissait mes épaules. Il fallait que je te la rende. J'avais du mal à m'aimer. Pour apprendre, il fallait que je te parle. Pour ne plus douter de ton amour, pour ne plus douter de mes souffrances. Pour comprendre, pour combler le vide qu'il y avait entre nous. Il fallait que nous partagions ce que nous n'avions jamais vraiment partagé, parce que ni l'une ni l'autre nous n'osions prendre conscience de la réalité de nos émotions. J'avais un mal fou à arriver à te dire ce que j'avais à te dire. Je savais que ton premier réflexe serait celui de la culpabilité. Et je savais qu'elle nous éloignerait encore davantage.

Tu te souviens combien nos premiers échanges furent douloureux ? Tu pleurais, tu ne comprenais pas. Au début, tu disais que ce n'était pas vrai. Je me sentais incomprise. Je ne voulais pas te faire du mal, je voulais juste vivre. J'avais besoin de comprendre mon histoire. J'avais besoin que tu m'entendes enfin, j'avais besoin de dénoncer le mensonge qui nous enfermait toutes les deux, qui nous empêchait de nous aimer.

J'ai réussi à te parler, tu as réussi à m'écouter, et surtout à t'écouter toi aussi. À oser voir toi aussi ta réalité, à reconnaître ta vérité. Ça nous a pris quelques années, ça n'a pas été facile. Mais quand je vois la qualité de notre relation aujourd'hui, je me sens pleine de gratitude pour ces entretiens. L'émotion que je ressens à la lecture de ta lettre me guérit profondément. Tu as effacé ma solitude.

Isabelle

Ah ! les émotions, maintenant elles circulent. Moi aussi j'ai pleuré en lisant ta lettre... Mais mes larmes ne sont pas celles de la détresse ; c'est comme une vanne qui s'ouvre, évacuant les vieilles douleurs et venant grossir les flots de la tendresse. J'ai des regrets pour ce qui ne s'est pas passé, ou mal passé, pour tout ce qui t'a fait mal, alors que je voulais tant – trop ! – ne te faire que du bien. J'ai des regrets énormes, mais ces échanges avec toi m'ont lavée du remords.

C'est vrai, au début de nos entretiens, quand tu me confrontais à propos de ton vécu, je ne comprenais rien, et pour cause ! Je ne m'étais pas encore suffisamment comprise moi-même. Dans ma psychanalyse personnelle, j'avais débusqué les blessures de mon enfance, analysé mes rapports douloureux avec mes parents, mis du sens sur mes difficultés à vivre, compris l'origine d'un sentiment de culpabilité si vite prêt à se réveiller à propos de tout.

Dans ma nouvelle vie familiale, j'ai cru réparer tout ce malheur ; j'ai voulu que tout soit beau, bon, gai, chaleureux. En ne partageant pas avec toi mes tristesses, mes peurs, j'ai cru t'en protéger et te donner ainsi l'image d'un monde rassurant et aimant. En fait, comme au fond de moi ce ressenti de sécurité et d'amour de la vie n'était pas encore installé, je ne pouvais pas te le transmettre. Je n'ai pu t'en donner qu'une image. Or, image implique distance, leurre. Tu ne t'y es pas laissée prendre. Heureusement d'ailleurs, car alors tu n'aurais probablement pas trouvé par la suite ta vérité et la mienne.

Aujourd'hui, je mesure mieux ma responsabilité dans ce qui fut douloureux pour toi, et je te demande pardon pour la souffrance engendrée par mes comportements inadéquats. En même temps je sais qu'à l'époque, si je n'ai pas fait mieux et autrement, c'est que je n'avais pas les ressources nécessaires. Je n'avais pas suffisamment réparé en moi-même les traces de mon passé. Les erreurs faites étaient à la mesure de mon incomplétude personnelle. Elles ont été aussi l'occasion de ce cheminement que nous avons fait ensemble douloureusement mais soutenues l'une et l'autre par un intense désir de se retrouver.

Je t'aime, ma petite fille devenue si grande.

Anne-Marie

ANNEXE

Possibilités offertes par la loi de poursuivre l'allaitement de son enfant après la reprise du travail

Différentes dispositions ont été prévues par le Code du Travail français pour faciliter l'allaitement par les mères ayant repris leur emploi. Comme ces dispositions ont été très peu utilisées, elles sont le plus souvent inconnues de l'employeur. Les mères ont donc intérêt à se munir des textes officiels. Faute de respecter les dispositions du code, l'employeur s'expose à des sanctions pénales, et en cas de problème, il est utile d'en parler à l'inspecteur du travail. Toutefois, depuis quelques années, l'« heure d'allaitement » est de plus en plus connue, on en a parlé dans les magazines grand public, et il devrait être de moins en moins difficile de l'obtenir.

1 – L'heure d'allaitement

Article L 1225-30 – Pendant une année à compter du jour de la naissance, la salariée allaitant son enfant dispose à cet effet d'une heure par jour durant les heures de travail.

Nota : Ordonnance 2007-329 du 12 mars 2007 art. 14 : Les dispositions de la présente ordonnance entrent en vigueur en même temps que la partie réglementaire du code du travail et au plus tard le 1er mars 2008. La loi n° 2008-67 du 21 janvier 2008 dans son article 2 X a fixé la date d'entrée en vigueur de la partie législative du code du travail au 1er mai 2008.

2 – Le local où allaiter

Article L 1225-31 – La salariée peut allaiter son enfant dans l'établissement.

Nota : Ordonnance 2007-329 du 12 mars 2007 art. 14 : Les dispositions de la présente ordonnance entrent en vigueur en même temps que la partie réglementaire du code du travail et au plus tard le 1er mars 2008. La loi n° 2008-67 du 21 janvier 2008 dans son article 2 X a fixé la date d'entrée en vigueur de la partie législative du code du travail au 1er mai 2008.

3 – La crèche à l'entreprise

Article L 1225-32 – Tout employeur employant plus de cent salariées peut être mis en demeure d'installer dans son établissement ou à proximité des locaux dédiés à l'allaitement.

« Maman, je veux pas que tu travailles ! »

Nota : Ordonnance 2007-329 du 12 mars 2007 art. 14 : Les dispositions de la présente ordonnance entrent en vigueur en même temps que la partie réglementaire du code du travail et au plus tard le 1er mars 2008. La loi n° 2008-67 du 21 janvier 2008 dans son article 2 X a fixé la date d'entrée en vigueur de la partie législative du code du travail au 1er mai 2008.

Les parents qui désireraient plus de détails peuvent aller sur www.legifrance.gouv.fr. Toutes les lois protégeant les droits des parents peuvent y être trouvées.

Bibliographie

Élisabeth BADINTER, *XY, de l'identité masculine,* Odile Jacob, Paris, 1992.

Élisabeth BADINTER, *L'amour en plus,* LGF, 1982.

Christian BAUDELOT et Roger ESTABLET, *Allez les filles !,* Seuil, 1992.

Bruno BETTELHEIM, *Le cœur conscient,* Laffont Pluriel, 1972.

Bruno BETTELHEIM, *Survivre,* Laffont Pluriel, 1979.

Bruno BETTELHEIM, *Pour être des parents acceptables,* Laffont Pluriel, 1988.

Sylvie BOUCHET, *De mère à grand-mère,* Païdos/Bayard, 1992.

T. BERRY BRAZELTON, « *À ce soir...* », *Concilier travail et vie de famille,* Stock/Laurence Pernoud, 1986.

T. BERRY BRAZELTON, *Points forts, les moments essentiels du développement de votre enfant,* Stock/Laurence Pernoud, 1986.

Robert BLY, *L'homme sauvage et l'enfant,* Seuil, 1992.

Marie-Claire Busnel (ouvrage collectif sous la direction de, avec la collaboration de Françoise Morel), *Le langage des bébés*, éd. Jacques Grancher, Paris, 1993.

Colette Chiland, *L'enfant de six ans et son avenir : étude psychopathologique*, PUF, 1992.

Guy Corneau, *Père manquant, fils manqué*, Éd. de l'homme, 1989.

Boris Cyrulnik, *Sous le signe du lien*, Hachette, 1989.

Françoise Dolto, *Psychanalyse et pédiatrie*, Seuil, 1976.

Françoise Dolto, *Lorsque l'enfant paraît*, Seuil, 1977.

Françoise Dolto, *La cause des enfants*, Laffont, 1985.

Françoise Dolto, *Tout est langage*, Carrère, 1987.

Françoise Dolto, *Dialogues québécois*, Seuil, 1987.

Françoise Dolto, *Paroles pour adolescents ou le complexe du homard*, Hatier, 1989.

Eugen Drewermann, *La peur et la faute*, Cerf, 1992.

Georges Duby – Michelle Perrot (sous la direction de. ..), *Histoire des femmes en Occident* (5 volumes), Plon, 1991.

Lewis Engel et Tom Ferguson, *La culpabilité*, Le jour, 1992.

Erich Fromm, *La passion de détruire*, Laffont, 1975.

Elena Gianini Belotti, *Du côté des petites filles*, éd. des Femmes, 1975.

Thomas Gordon, *Parents efficaces*, Belfond, 1979.

Léon Grinberg, *Culpabilité et dépression*, Les Belles Lettres, 1992.

Violaine Guéritault, *La fatigue émotionnelle et physique des mères*, Odile Jacob, 2008.

Shere Hite, *Les femmes et l'amour : un nouveau rapport*, Hite Stock, 1988.

Ligue Internationale La Leche, *L'art de l'allaitement maternel*, éd. de l'Homme, 1985.

Mélanie Klein – Joan Rivière, *L'amour et la haine*, Petite Bibliothèque Payot, 1984.

Hubert Montagner, *L'attachement, les débuts de la tendresse*, éd. Odile Jacob, 1988.

Évelyne Pewzner, *L'homme coupable*, Privat, 1992.

Peter Sichrovsky, *Naître coupable, naître victime*, Points Actuels, 1987.

Évelyne Sullerot, *Quels pères ? Quels fils ?*, Fayard, 1992.

Jane Swigart, *Le mythe de la mauvaise mère*, Laffont coll. Réponses, 1992.

Marie Thirion, *L'allaitement*, éd. Ramsay, 1980.

Franz Veldman, *Haptonomie, science de l'affectivité*, PUF, 1991.

Anne Wagner et Jacqueline Tarkiel, *Nos enfants sont-ils heureux à la crèche ?*, Albin Michel, 1994.

Et :

Allaiter aujourd'hui !, revue trimestrielle de la Leache League France. BP 18 – 78620 L'Étang-la-Ville.

Les enfants de moins de six ans. INSEE, Contours et caractères. INSEE, 1992.

Données sociales, 1990, INSEE.

Toutes les informations sur l'allaitement et le maternage sur www.LLLfrance.org

Remerciements

à Marianne Leconte, qui nous a soufflé l'idée du thème et nous a réunies pour ce travail à quatre mains.

à celles et ceux qui nous ont permis de recueillir leurs témoignages,

à Claude Didierjean-Jouveau, présidente de la *Leche League,*

à Marie-France Casalis, conseillère technique de la Délégation Régionale au Droit des Femmes Ile-de-France,

à Quang Chi Dinh, INSEE,

à Martine Laganier, journaliste à *l'Impatient,*

à Marie-Josèphe Saurel-Cubizolles, INSERM

et

au service des Droits des Femmes du ministère des Affaires sociales de la Santé et de la Ville, pour les informations et documents mis à notre disposition,

à Rémy Filliozat pour sa relecture avisée.

Dans la même collection :

Jacques Rolland, *L'Assassinat programmé des Templiers*
Bruno Repetto, *Bienheureuse maladie*
Tarthang Tulku, *Les Clés de l'énergie et de l'épanouissement*
Robert-Jacques Thibaud, *Dictionnaire de l'art roman*
  – *Dictionnaire de mythologie et de symbolique grecque*
Philippe Camby, *L'érotisme et le sacré*
Émile Gillabert, *Judas, traître ou initié*
  – *Jésus et la gnose*
Dr Kenneth Mc All, *Médecine psychique et guérison spirituelle*
Marie-Claire Dolghin-Loyer, *Les saisons de l'âme des labours aux moissons*
Claude Mettra, *Saturne ou l'herbe des âmes*
Frithjof Schuon, *Soufisme, voile et quintessence*
Isabelle Filliozat, *Utiliser le stress pour réussir sa vie*
Jean Varenne, *Zoroastre*
Richard Khaitzine, *La Langue des oiseaux*
Marie Louise von Franz, *Psychothérapie*
Paul Le Cour, *L'Évangile ésotérique de saint Jean*
Jean-Yves Leloup, *Aimer... malgré tout*
Boris Mouravieff, *Écrits sur Ouspensky, Gurdjieff et sur la Tradition ésotérique chrétienne*
Bertrand Portevin, *Le monde inconnu d'Hergé*
Alejandro Jodorowsky, *La tricherie sacrée*, entretiens avec Gilles Farcet
L'Évangile selon Thomas, traduit et commenté par Émile Gillabert, Pierre Bourgeois et Yves Haas
Isabelle Filliozat et Anne-Marie Filliozat, « *Maman, je veux pas que tu travailles !* »
Alphonse et Rachel Goettmann, *Initiation à la méditation*

Mise en page
PCA
44400 Rezé

Achevé d'imprimer en octobre 2017 par la Nouvelle Imprimerie Laballery
58500 Clamecy – Dépôt légal : mars 2009 – N° d'impression : 710071
Imprimé en France

La Nouvelle Imprimerie Laballery est titulaire de la marque Imprim'Vert®